DIE EXKLUSIVEN WAGEN DER WELT
FERRARI TESTAROSSA

VON MARK HUGHES
DEUTSCHE ÜBERSETZUNG
MARIANNE MIEHE
TECHNISCHE BEARBEITUNG
DÖLF LENDENMANN

Verlag Stocker-Schmid
Motorbuch-Verlag

Inhalt

© Copyright für die deutschsprachige Ausgabe by Verlag Stocker-Schmid AG, Dietikon-Zürich, Schweiz, 1989

ISBN 3-7276-7090-8

Die englische Ausgabe erschien 1988 unter dem Titel «Ferrari Testarossa»
© Copyright by Salamander Books Ltd, London.

Deutsche Übersetzung von Marianne Miehe, Berlin

Technische Bearbeitung der deutschsprachigen Ausgabe von Dölf Lendenmann, Küsnacht

Gestaltung der deutschsprachigen Ausgabe von Nicholas Mühlberg, Basel

Nachdruck, Übersetzungen, Vervielfältigungen oder Mikrofilme sind, auch auszugsweise, verboten.

Berechtigte Lizenzausgabe für die Bundesrepublik Deutschland: Motorbuch-Verlag, D-7 Stuttgart 1
Eine Abteilung des Buch- und Verlagshauses Paul Pietsch GmbH & Co. KG

Dank
Dieses Buch wäre ohne die unermessliche Hilfe vieler Angestellter in Maranello nicht geschrieben worden, besonderer Dank gilt Doktor Pietro de Franchi und Ingenieur Maurizio Rossi. Bei Pininfarina fand ich grosszügige Unterstützung bei Daniela Cappa und Aldo Brovarone. Dankbar bin ich den zahlreichen Angestellten in Maranello sowie dem Vertragshändler Egham, Surrey, hier insbesondere Shaun Bealey (früher stellvertretende Präsidentin), Peter Whittle und Nick Stevens. Keith Hopkins, Leiter der Werbeagentur von Ferrari in Grossbritannien, gab mir zum ersten Mal Gelegenheit, den Testarossa zu fahren.

Die Herkunft 4
Design und Entwicklung 14
Technische Details 24
Fertigung 40
Fahreindrücke 54
Index 64

Einführung

In der gesamten Automobilgeschichte hat kein anderer Autohersteller soviel Furore gemacht wie Ferrari. Alle seine in den letzten 41 Jahren gebauten Modelle tragen das Markenzeichen «Superauto», einige hatten mehr Erfolg, andere hingegen weniger.
Als Meilenstein für Ferraris fortschreitende Entwicklung bleibt ein Jahr – das Jahr 1984 – in der Erinnerung verhaften. Innerhalb von nur wenigen Monaten wurden zwei der grossartigsten Automobile der Öffentlichkeit vorgestellt, die je die Werkhallen von Maranello verlassen haben. Das eine war der 288 GTO (Gran Turismo Omologato), der in einer begrenzten Auflage von 272 Wagen auf den Markt kam, ausgerüstet mit Grand-Prix-Technologie, hergestellt in Leichtbauweise aus Kohlefasern und Kevlar. Der Wagen war mit einem 2,9-Liter-V8-Motor mit doppeltem Turbolader ausgestattet, der 400 PS an die Hinterräder abgab. Der andere Superwagen mit ähnlicher exotischer Ausstattung, jedoch von ganz anderer Art, ist der Testarossa.

Der GTO entsprach den Bedürfnissen eines bereits in den Anfängen gescheiterten Rennprogramms der Gruppe B, doch der Testarossa war in den 80er Jahren das Flaggschiff unter Ferraris Superautos, mit einer Konstruktion, die den Hersteller dem 21. Jahrhundert näherbrachte. Er besass die legendären Eigenschaften des Berlinetta Boxer, jedoch derart verfeinert, um ein ausgeklügelter Sportwagen zu werden. Die Wettbewerbserfahrungen führten dazu, dass man einen flachen 5-Liter-Zwölfzylindermotor gleich hinter dem zweisitzigen Cockpit einbaute. Seine Leistung von 390 PS ermöglicht es, den Wagen auf eine Höchstgeschwindigkeit von 290 Stundenkilometer zu beschleunigen. Der Testarossa ist leicht zu bedienen, und sein Pininfarina-Styling ist so beeindruckend, dass er nicht auf Käufer warten muss, sondern umgekehrt.
Nach der Ölkrise in den frühen 70er Jahren schien die Zukunft der Superautos fraglich. Viele berühmte Firmen – Maserati, Jensen und de Tomaso – mussten in diesen schwarzen Tagen kürzer treten, aber Ferrari setzte sich über den Zukunftspessimismus hinweg und investierte in die Modernisierung seiner Fabrik. Die Firma blühte in den 80er Jahren auf, und der Testarossa beeinflusste kometengleich ihre Entwicklung.

Wie auch die Zukunft für diese Superautos aussehen mag, Ferraris Testarossa ist einer der wirklich überragenden Wagen unserer Zeit. Faszinierend, schnell, bildschön, und – wenn auch nicht ganz perfekt – er hat alles, was ein Superauto haben muss.

Die Herkunft

Alle Ferraris sind Superwagen, aber einige der Vorgänger des Testarossa waren Aussenseiter besonderer Exklusivität

Der Grundstock für den Testarossa wurde kurz nach dem zweiten Weltkrieg gelegt, als Ferrari die Produktion wieder aufnahm. Die Philosophie von Ferrari hat sich nie geändert, denn der Testarossa ist ein Produkt, das auf den gleichen inspirativen Faktoren beruht, auf deren Grundlage Ferrari seine ersten Automobile des Typs 166 schuf.

Ferrari strebte immer an, seine Strassenfahrzeuge hinsichtlich ihrer Leistung, Bedienbarkeit und Bremseigenschaften so weit wie möglich an seine Rennwagen anzupassen, und dieses Ethos gilt für jedes Automobil, das die Werkhallen von Ferrari verlassen hat. Einige Automobile waren raffinierter und praktischer konstruiert als andere, aber niemals gab es einen Allerwelts-Ferrari, und trotz der wachsenden Leistungszwänge, die das moderne Autofahren mit sich bringt, wird es nie einen solchen geben. 'Rennen verbessern die Zucht' ist eine allgemeine Maxime in der Automobilindustrie, und Ferrari ist diesem Glauben bedingungslos gefolgt. Bis zum heutigen Tag verfügt jedes seiner bemerkenswerten Automobile über die Technik, die für die Erfolge auf den Rennstrecken überall in der Welt entwickelt wurde. Ferrari ist einzigartig unter den Automobilherstellern der Nachkriegszeit. Ungebrochen setzt er sich für die Formel-1-Rennen ein, und bis 1973 waren seine Sportwagen stets im Rennen. Es erstaunt nicht, dass jedes von Ferrari hergestellte Automobil den Ruf eines «Superautos» für sich in Anspruch nehmen kann.

Zwölf Zylinder
Nachkriegs-Fortschritt

Enzo Ferrari begann seine ersten Automobile im Jahre 1947 zu bauen, erstaunlicherweise nur zwei Jahre, nachdem der Krieg zu Ende gegangen war. Die meisten anderen Automobilhersteller in Europa und den USA kehrten nur zögernd und mit notdürftig modernisierten Versionen ihrer Vorkriegsmodelle zur vollen Produktion zurück. Ferrari war ein Neuling in diesem Geschäft, aber er stellte Motoren her, die bahnbrechend und erfrischend neu waren. Erst Jahre später brachten andere Hersteller, wie Jaguar mit dem sensationellen XK 120, neue Modelle auf den Markt, aber niemand konnte mit der Geschwindigkeit und Kühnheit von Ferrari Schritt halten. Was Ferrari auszeichnete, ja einmalig werden liess, war die Verwegenheit seiner Designs. Er stieg nicht mit einfachen, konventionell konstruierten Automobilen in den Markt ein, er wagte den Sprung mit einem komplizierten, neuen V12-Motor, der bis zum heutigen Tag überlebte. Es war eine kluge Entscheidung.

Vor dem Kriege waren Zwölfzylinder bei den exklusiven Herstellern üblich; sie stellten die höchste Stufe an mechanischer Ausgewogenheit und ausgeglichener Kraft dar. In den USA produzierten, um nur einige Namen zu nennen, Cadillac, Lincoln und Packard Automobile mit zwölf Zylindern – es waren noch die Tage, als die USA aufgrund der ausgefeilten Technik zu den führenden Automobilherstellern der Welt gehörten. In Europa trachteten Hispano-Suiza, Lagonda, Rolls-Royce und Daimler nach den Raffinessen, die nur ein Zwölfzylinder-Motor aufzuweisen hat.

Im Jahre 1947 jedoch hatte nur noch der Lincoln überlebt, und bald sollte auch bei ihm der V12-Motor ausgedient haben. Der bevorstehende Nachkriegsboom erforderte eine einfachere und wirtschaftlichere Produktionsweise. Enzo Ferrari blieb mit seiner Auffassung ein Aussenseiter. Während der gesamten 50er Jahre und auch noch zu Beginn der 60er war Ferrari der einzige, der als letztes Tribut an die Exklusivität einen V12 anbot. Heutzutage ist der V12 längst zurückgekehrt. Lamborghini führte die Meute an, die sich an Ferraris Ferse heftete, als er im Jahre 1964 für den 350 GT einen V12-Motor vorsah.

Jaguar baute im Jahre 1971 in seinen E-Typ einen neuen V12 ein, und schon ein Jahr später folgte der XJ 12. Dieser Motor wird auch heute noch als der geschmeidigste erachtet. Erst kürzlich, im Jahre 1987, schuf BMW einen V12 für sein Flaggschiff, den 750i, und der Erzrivale Mercedes Benz plant nachzuziehen. Trotz der Ölkrise und der Rezession der frühen 80er Jahre kommt der V12 langsam zu seinem ein-

Manche betrachten den 275 GTB als den schönsten Ferrari, andere finden sein Styling zu imposant. Aber unbestreitbar ist er einer der Grössten, ob mit zwei oder vier Nockenwellen. Zum ersten Mal wurde der Wagen 1964 in Paris mit zwei neuen Merkmalen vorgeführt: einer Einzelrad-Aufhängung und einer transaxialen Kraftübertragung, einer Einheit, die Getriebe und Differential verbindet, die aus Ferraris Rennerfahrungen entstanden war. Der 3'286-cm^3-V12-Motor brachte es auf 280 PS, ausreichend für eine Geschwindigkeit von über 240 km/h. Der hier gezeigte 300-PS-Wagen mit Viernockenwellenmotor, der im Jahre 1966 auf den Markt kam, brachte einen neuen Standard von Stärke und Leistungsvermögen.

stigen Ansehen zurück, das er fünfzig Jahre zuvor genoss. Ob diese Wiedergeburt nur vorübergehend ist, bleibt abzuwarten. Doch Ferrari führt den Trend an. In der ganzen Geschichte der Maranello-Werke gab es stets Automobile mit zwölf Zylindern. Auch hatte Enzo Ferrari gesagt, dass ein echter Ferrari zwölf Zylinder haben müsse. Er hatte sich diesen Zwölfzylindern verschrieben, ihrer haargenauen Präzisionstechnik, seit Beginn der 20er Jahre, als er vom Anblick eines Packard gefesselt worden war, der einer italienischen Rennfahrerin, der Baronesse Maria Antonietta Avanzo, gehörte. Zur Kernmannschaft des Ingenieurteams, das Ferrari um sich versammelte, gehörten Luigi Bazzi und Gioacchino Colombo, die vor dem Kriege beide für Scuderia Ferrari gearbeitet hatten, ein Betrieb, der Alfa Romeo bei Autorennen betreute (wie heute Tom Walkinshaw führender Kopf bei Rennprogrammen von Jaguar ist). Obwohl Bazzi, nahezu ohne Unterbrechung, seit den frühen 20er Jahren für Ferrari gearbeitet hatte, kehrte Colombo 1946 auf seinen Platz zurück und übernahm die Aufgaben des Chefingenieurs. Colombo machte sich sofort an die Arbeit mit einem V12, der mit einigen Modifizierungen für Ferraris gesamtes Grand-Prix-Programm eingesetzt werden konnte, bei Sportrennen und der Automobilherstellung als solcher. Obgleich Ferrari mit einem Grand-Prix-Wagen beginnen wollte, kam der Sportrennwagen zuerst auf den Markt und wurde von Franco Cortese bei einem kleinen Autorennen in Piacenza am 11. Mai 1947 vorgestellt. Der Wagen führte im Rennen, kam jedoch nicht ins Ziel. Erst 14 Tage später erzielte Cortese mit dem neuen Ferrari-Modell seinen ersten Sieg auf dem Caracalla-Ring in Rom. Im Gegensatz zu den gewaltigen V12, die Ferrari inspiriert hatten, war Colombos Design eine winzige Einheit mit gerade 1'497 cm³ Hubraum. Dieser Motor bildete den Grundstock für alle künftigen Zwölfzylinder von Ferrari. Die beiden Zylinderblöcke waren in einem Winkel von 60° angeordnet, Bohrung und Hub von 55 mm x 52,5 mm ergaben eine leicht überquadratische Zylinderdimension. Die anfängliche Motorleistung betrug 118 PS bei 6'500 U/min, aber sie stieg dramatisch an, als Colombo die verschiedensten Abwandlungen, einige mit Aufladung, ausgehend von seiner Grundversion, vornahm. Verschiedene Eigenheiten dieses Zwölfzylinders haben sich bis zum heutigen Testarossa erhalten. Das Kurbelwellengehäuse und die zugeordneten Zylinderköpfe wurden aus einer leichten Silizium-Aluminium-Legierung gefertigt, und gusseiserne Zylinderlaufbüchsen wurden eingeschrumpft. Die hochwiderstandsfähigen Stahlkurbelwellen wurden von sieben Hauptlagern getragen. Die Pleuel/Kolbeneinheiten waren paarweise mit dem gleichen Kurbelwellenzapfen verbunden. Die zwei Nockenwellen waren in den Zylinderköpfen montiert und wurden durch Ketten angetrieben. Sie betätigten je ein Einlass- und ein Auslassventil pro Zylinder. Der Testarossa besitzt vier Nockenwellen, die durch Zahnriemen angetrieben werden, und vier Ventile pro Zylinder. Dennoch hatte sich am Grundprinzip nichts geändert.

Einer Tradition folgend, die sich bis in die 70er Jahre hinzog, nannte Ferrari Colombos ersten V12 den 125er, wobei diese Zahl den Hubraum eines Zylinders, d. h. 1/12 von 1,5 Litern bedeutet. Das Grundmodell entwickelte sich schnell zu den Typen 166 (1'992 cm³), 195 (2'340 cm³), 212 (2'563 cm³), 225 (2'715 cm³), 250 (3'963 cm³), usw. Während dieses «Erweiterungsprogramms» blieb der Hub wie beim Modell 166 bei 58,8 mm, und Hubraumvergrösserungen wurden einfach durch Vergrösserung des Bohrungsdurchmessers bewirkt. Aber bei Colombos Design gab es einschränkende Faktoren, insbesondere seine «siamesische» Gestaltung des Ansaugtraktes schränkte die Weiterentwicklung des Motors ein. Ferrari machte sich über ein weiteres Grundkonzept Gedanken. Nachdem Colombo 1949 zu Alfa Romeo zurückgekehrt war, machte sich sein Nachfolger als Chefingenieur bei Ferrari, Aurelio Lampredi (gerade 30 Jahre alt), daran, einen grösseren V12 zu entwickeln, der hauptsächlich für Autorennen vorgesehen war.

Obgleich Colombos ursprüngliches Konzept des 60°-V12 mit einer Nockenwelle pro Zylinderreihe beibehalten wurde, betrugen die mittleren Bohrungsabstände nun 108 mm (anstelle der 90 mm), um den Bohrungsdurchmesser vergrössern zu können. In der Folge wurde Lampredis V12-Version als der «Langblock» bekannt. Die Hauptmodifikation in der Konstruktion bestand darin, dass der Motor integrierte Zylinderköpfe besass, die das Kopf/Block-Dichtungsproblem lösten. Allerdings wurde hierdurch eine Überholung des Motors wesentlich zeitraubender.

Bei einer oberflächlichen Betrachtung der frühen Modelle von Ferrari könnte man vielleicht die von Ghia entworfenen 342-America-2+2-Automobile als die ersten tatsächlichen Strassenwagen erachten. Wenige dieser 4,1-Liter-Wagen mit vollsynchronisiertem Vierganggetriebe und Lampredi-V12-Motor wurden gebaut, aber sie führten zum 375 America, 410 Superamerica und 400 Superamerica und 1964 zum 500 Superfast, einer wirklichen Luxuslimousine.

Aber nun sollten wir unsere Aufmerksamkeit dem allerletzten Superstar von Ferrari als Vorbild für den Testarossa zuwenden.

Die Serie 250 GT
Frühe Entwicklung

Eine unglaubliche Zahl von Ferrari-Kraftfahrzeugen mit einer verwirrenden Folge von Typennummern hat bei den Anfängen von Maranellos Superwagen eine Rolle gespielt, aber eine erste grössere Serienproduktion kam mit dem 250 GT, der 1956 auf der Automobilausstellung in Genf Premiere hatte. Fünf Jahre lang waren annähernd 500 dieser Automobile mit einem V12-Motor mit je einer Nockenwelle pro Zylinderreihe gebaut worden. Der Hubraum betrug 2'953 cm³ mit einer Bohrung von 73 mm und einem Hub von 55,8 mm. Drei Weber-Doppelvergaser führten zu einer Antriebskraft von 240 PS bei 7'000 U/min. Es wurden die ersten Cabriomodelle entworfen und bei Boana gebaut. 1958 kam der von Scaglietti gebaute 250 GT California mit Pininfarina-Styling auf

den Markt. Den Hauptanteil an der 250-GT-Produktion machte das Coupé aus, für das ebenfalls Pininfarina verantwortlich zeichnete. Ferrari machte seine erste Konzession an den Familienvater und stellte den 250 GT 2+2 (auch bekannt als 250 GTE) im Jahre 1960 vor. Die Rücksitze waren für Erwachsene zu unbequem, aber kleine Kinder fühlten sich darin wohl. Diese Automobile, obwohl von gleicher Konstruktion wie andere 250 GT, verschafften Ferrari jedoch in der Branche keine Reputation, dennoch waren sie mit ihrer Auflage von 900 Stück damals sehr populär. Neben den für Rennen spezialisierten 250 GT SWB (kurzer Radstand) und 250 GTO, war der grosse Klassiker der 250-GT-Serie der Berlinetta Lusso (Luxus). Von der nach unten geschwungenen Front bis zum schräg abwärts geschwungenen Heck verlieh der elegante Pininfarina-Stil dem Lusso eine unwiderstehliche Schönheit, die – in den Augen vieler Besitzer – alle anderen Ferraris übertraf. Der Berlinetta Lusso ist einer der verführerischsten Wagen, den die Welt je zu Gesicht bekam. Etwa 350 Lusso wurden bei Sergio Scaglietti in Modena von Hand gebaut, wenige Strassen entfernt von den Maranello-Werken.

275 GTB
Entscheidende Fortschritte

Die Produktion des prächtigen Lusso wurde Ende 1964 eingestellt, an seine Stelle trat der 275 GTB (Gran Turismo Berlinetta). Dieses neue Modell war mit einem grösseren 3,3-Liter-Motor der altbewährten 12-Zylinder-Baureihe ausgestattet. Mit dem 275 GTB gelang Ferrari ein einschneidender Fortschritt in der Produktion von Spitzenklasse-Automobilen, die Tradition der konservativen mechanischen Bauart war gebrochen. Zum ersten Mal wurde eine Einzelrad-Aufhängung und eine kombinierte Getriebe-Differential-Einheit im Heck eingebaut. Für Sport-, Renn- und Formel-Wagen war zwar dieses Konzept nicht neu, so dass der 275 GTB nichts Revolutionäres darstellte. Die Getriebe-Differential-Einheit im Heck hatte ihren Ursprung in den 50er Jahren, als Formel-1- und -2-Wagen mit der De-Dion-Hinterradaufhängung ausgerüstet wurden, sowie auch im Mondial- und Monza-Sportwagen. Der Testa Rossa des Jahres 1958 hatte ebenfalls die De-Dion-Aufhängung und das Getriebe im Heck, jedoch nicht im gleichen Gehäuse wie das Differential. Diese Wagen verfügten über ein Fünfgang-Getriebe, das in üblicher Weise mit dem Motor verbunden war. Diese Einheit, die bis zur Einführung des Mittelmotors bei allen Ferrari-Rennsportwagen verwendet wurde, bildete die Grundlage für die Antriebseinheit des 275 GTB, obwohl hierzu ein neues Gehäuse erforderlich war. Die Einzelrad-Hinterachsaufhängung in Verbindung mit der transaxialen Antriebseinheit wurde zum ersten Mal bei einem Ferrari-Strassenwagen verwendet. Parallele Querlenker, Spiralfeder/Stossdämpfereinheit und Stabilisator wurden vom Rennsportwagen 250 LM mit Mittelmotor übernommen – die Spiralfeder/Stossdämpfereinheit erstreckt sich von den äusseren Enden der oberen Querlenker nach oben, weit in die Karosserie hinein. Die vordere Aufhängung ist nach einem ähnlichen Prinzip doppelter Querlenker ausgelegt, mit dem Unterschied, dass die Spiralfeder/Stossdämpfereinheiten an den unteren Querlenkern befestigt sind und genau durch die oberen passen. Abweichend von den Abmessungen des 250er Motors von 73 mm x 58,8 mm, erreichte der 275er Motor durch Vergrösserung der Bohrung auf 77 mm einen Hubraum von 3'256 cm³. In einem Standard-275-GTB erbrachte dieser Motor eine Leistung von 280 PS bei 7'500 Umdrehungen pro Minute. Auf Wunsch des Kunden wurde die Leistung sogar noch erhöht. So gab es beispielsweise ein Modell 275 GTB/C mit sechs Weber-Vergasern anstelle der drei Standard-Doppelvergaser

vom Typ Weber 40 DCL6 sowie mit Trockensumpfschmierung und Leichtmetallkarosserie. Der 275 GTS (Spyder), ein weniger hochgezüchteter Sportwagen, erreichte 260 PS bei 7'500 U/min mit einem Verdichtungsverhältnis von 9,3:1. Ein neuer Motor mit vier obenliegenden Nockenwellen verwandelte den 275 GTB in einen allzeit grossen Superwagen. Unter der Bezeichnung 275 GTB/4 brachte es dieser Wagen auf 300 PS bei 8'000 U/min und ein Drehmoment von 27,9 mkg bei 5'500 U/min. Diese Leistung war für einen 3,3-Liter-Motor recht bemerkenswert; es ergab sich eine spezifische Motorleistung von 91,3 PS pro Liter – niemals konnte Ferrari im Verlaufe seiner weiteren Produktionen diesen Wagen übertreffen.

Das Pininfarina-Design für den 275 GTB war nicht das eleganteste, das klobige Äussere des Wagens und die relativ kleinen Fenster schienen ein wenig veraltet im Vergleich zu den scharfkantigeren modernen Karosserien, die sich langsam durchzusetzen begannen. Die bulligen Linien mit verkleideten Scheinwerfern und einer Panorama-Windschutzscheibe hoben seine kühnen Formen hervor und waren attraktiv genug, dennoch entsprachen sie keineswegs der Avantgarde. Aber es war die vorzügliche Mechanik, die den 275 GTB so grandios machte. Tatsächlich gibt es Ferrari-Besitzer, die den letzten 275 GTB, den Viernockenwellen-GTB/4, für überlegener als den Daytona halten, der ihm mit hervorragender Leistung und sogar besserer Beherrschbarkeit folgte.

Daytona
Vollendete Schönheit

Das relativ kühle Echo, das der 275 GTB gefunden hatte, und die Fortschritte der rivalisierenden Automobil-Hersteller wie Lamborghini mit seinem Miura forderten eine drastische Lösung von Ferrari. Der bei Pininfarina in Auftrag gegebene Wagen stellte alle Wünsche zufrieden, wenn auch sein Grundkonzept,

Heutzutage ist der beste Platz, um aus einem Ferrari alles herauszuholen, die Rennstrecke, wie ein Besitzer eines 275 GTB in Donington, oben links, herausfand. Der 365 GTB/4, unten links, allgemein als Daytona bekannt, ist wahrscheinlich einer der meist geschätzten Strassenwagen von Ferrari und erzielt ständig steigende Preise; das schönste Exemplar kostet zweimal soviel wie ein neuer Testarossa. Ferrari wurde bezüglich des Design von seinen Formel-1-Wagen inspiriert, als der 365 GT-4 BB, oben, oder Berlinetta Boxer mit einem Hubraum von 4'390 cm³ (wie der Daytona) und einem flachen 12- Zylindermotor, der hinter dem Cockpit eingebaut war, herauskam.

ein die Hinterräder antreibender, vorne liegender Motor, durchaus althergebracht im Vergleich zum querliegenden V12-Mittelmotor des Miura erschien. Dieser neue Superwagen war der phantastische 365 GTB/4 oder Daytona. Den Namen bekam er angesichts von Ferraris Erfolgen im Jahre 1967 bei dem 24-Stunden-Rennen in Daytona, wo Maranello den von Ford ein Jahr zuvor in Le Mans beim 24-Stunden-Rennen errungenen Dreifachsieg mit zwei neuen P4-Rennwagen und einem älteren P3 zu verteidigen hatte. Zunächst wurde die Neuentwicklung des Wagens nur werkintern als Daytona benannt, doch dann wurde der Name von der Presse aufgegriffen, seine eigentliche Typenbezeichnung war 365 GTB/4.

Der Daytona muss in der Tat einer der sensationellsten Superwagen aller Zeiten gewesen sein. Die wiederum von Pininfarina entworfene Karosserie war eine zeitlose Kombination aus geschwungenen Linien und Kanten. Als er im Oktober 1965 am Pariser Autosalon der Öffentlichkeit vorgestellt wurde, fand er durchaus nicht allgemein Anklang und Bewunderung, aber dennoch stellen heute nur wenige Menschen seine vollendete Schönheit in Zweifel. Über 20 Jahre lang ist seine vorspringende Schnauze, die elegante Coupé-Kabine und der saubere Heckabschnitt stets modern geblieben. Trotz seiner Grösse (1'562 kg Leergewicht) verleiht ihm die reine Linienführung perfekte Proportionen. Nur wenige Wagen haben ein so wuchtiges Erscheinungsbild. Aber das Aussehen ist nicht alles; seine andauernde Anziehungskraft – er ist heute bei Sammlern das begehrteste aller Serien-Modelle von Ferrari und erzielt mühelos sechsstellige Preise – verdankt der Daytona seiner hervorragenden Leistung. Sein V12 erreichte neue Dimensionen und stellt eine technische Vollendung dar. Ferrari wählte einen Zwölfzylindermotor mit einem Hubraum von 4'390 cm³ und vier obenliegenden Nockenwellen wie beim 275 GTB/4. Die Bohrung betrug 51 mm, der Hub 71 mm und das Kompressionsverhältnis 9,3:1. Die europäischen Modelle erhielten sechs Doppelvergaser des Typs Weber 40DCN21. Der V12-Motor leistete 352 PS bei 7'500 U/min mit einem Drehmoment von 43,5 mkg bei 5'500 U/min. Jeder halbkugelförmige Brennraum hatte ein Paar geneigter Ventile mit einer Zündkerze dazwischen. Der bewährten Praxis folgend, verlief die aus einem einzigen Stahlgussstück gefertigte Kurbelwelle durch sieben Hauptlager. Die paarweise zusammengefassten gegenüberliegenden Pleuel/Kolbeneinheiten wurden am gleichen Kurbelwellenzapfen befestigt.

Wie bei allen anderen aus Aluminium hergestellten V12-Motoren verwendete Ferrari nasse Zylinderlaufbüchsen aus Gusseisen. Die Zylinder waren so gross, dass benachbarte Büchsen miteinander in Berührung kamen und so direkt vom Kühlwasser benetzt wurden. Jede Auslass-Nockenwelle treibt zwei Zündverteiler an, und ein Aluminiumgehäuse beherbergt die Wasserpumpe und zwei Nockenwellen-Kettenantriebe. Die Schmierung erfolgt durch ein Trockensumpfsystem mit zwei Saugpumpen und einer Druckpumpe.

Die Motorleistung wurde über eine Einscheibenkupplung und eine in einem starren Stahlrohr untergebrachte Kardanwelle zum transaxialen Getriebe übertragen. Diese Anordnung legte die relative Lage von Motor und Übertragungseinheit fest, deren Drehmomente bezüglich der Belastung und Entlastung durch ein auf die Drehkraft ansprechendes Gestänge aufgefangen wurden. Hierdurch wurde ein unkompliziertes Fahren ermöglicht. Der grösste Vorteil dieser transaxialen Konfiguration war, wie schon beim 275 GTB, eine nahezu ausgewogene Gewichtsverteilung. Dem Beispiel des 275 GTB folgend, verwendete man vorne und hinten Einzelradaufhängungen mit den gleichen parallelen Querlenkern. Wie beim 275 GTB waren die hinteren Spiralfeder/Stossdämpfereinheiten über den obenliegenden Querlenkern angebracht, die Belastungen wurden von grossen Gelenken aufgefangen. Um die horrende Leistung aufzunehmen, war das Bremssystem äusserst stark ausgelegt, vorne und hinten Scheibenbremsen mit vier Bremssätteln. Die Karosserie war grösstenteils aus Stahl, weniger beanspruchte Teile wie Hauben und Türen aus Aluminium gefertigt.

Der Daytona wurde gerade in dem Moment der Öffentlichkeit vorgestellt, als in den Vereinigten Staaten die ersten Vorschriften bezüglich der Umweltbelastung herauskamen. Der 275 GTB/4 trug diesen Vorschriften keineswegs Rechnung, aber dennoch stand ein Daytona bereit, um als Flaggschiff Ferraris diesen wichtigen Markt nicht zu verlieren. Den amerikanischen Vorschriften gemäss wurde ein niedriges Verdichtungsverhältnis von 8,8:1 sowie Benzin niedriger Oktanzahl ohne Klopfprobleme gefordert. Auch eine massive, leistungsdrosselnde Schalldämpferanlage wurde verlangt. Die strengen Vorschriften forderten weiterhin bei den Scheinwerfern feste Abdeckungen anstelle der durchsichtigen Plexiglasverkleidungen des Daytona.

15 Jahre sind vergangen, seit der letzte Daytona das Werk verlassen hat, dennoch blieb er einer der schnellsten Superwagen, den die Welt je erlebt hat. Nur wenige Ferrari-Automobile wurden im Laufe der Zeit unabhängig voneinander von verschiedenen Fachzeitschriften getestet, aber Paul Frère gelang es, dank seiner früheren Position als Rennfahrer für Ferrari, Zahlenwerte über den Daytona zu erhalten. Trotz seiner Bedenken, die Spitzengeschwindigkeit des Daytona auf öffentlichen Autobahnen unter Beweis zu stellen, fand Frère schliesslich eine ruhige Piste, um den Daytona mit Höchstgeschwindigkeit auszufahren; in zwei Läufen in entgegengesetzten Richtungen erreichte er 282,7 km/h. Um einen Vergleich anzustellen (wobei nicht zu vergessen ist, dass es sich um einen Wagen der 60er Jahre handelt), war das schnellste Auto, das je einem Test unterzogen wurde, ein Lamborghini Countach 5000 mit 286 km/h; es war im Jahr 1985. Ein Porsche 911 Turbo 3,3, der 1983 getestet wurde, erreichte 260 km/h. Die Beschleunigungswerte, die Frère auf dem Daytona erzielen konnte, waren: 0–95 km/h in 5,8 Sekunden (4,8 Sekunden für den Porsche 911 Turbo 3,3), 0–160 km/h in 12,8 Sekunden (11,5 Sekunden) und 0–225 km/h in 24,6 Sekunden (25,5 Sekunden). Wenn auch der Daytona bis zu einer Geschwindigkeit von 209 km/h etwas langsamer war als der Porsche, erreichte er darüber dank seiner überlegenen aerodynamischen Eigenschaften Höchstwerte.

Einige Besitzer bemängelten seine schwerfällige Lenkung und Handhabung im Stadtverkehr. Aber dies ist nicht die rechte Umgebung, um diesen Wagen zu beurteilen. Auf schnellen Strassen und über lange Entfernungen ist der Daytona nicht zu schlagen. Bei Geschwindigkeiten von über 160 km/h ist der Daytona in seinem Element und seine ausgewogene Fahrweise und leichte Beherrschbarkeit nahezu perfekt.

Im gleichen Jahr wie der Testarossa entstand der GTO, ein Rennsportwagen für Gruppe-B-Langstreckenrennen. Die Regeln forderten, dass 200 Wagen der B-Gruppe gebaut werden mussten, um die Berechtigung zu erlangen, aber der GTO mit seinem turbogetriebenen 2'855-cm³-V8-Motor erwies sich als so beliebt, dass tatsächlich 272 Wagen gebaut wurden.

Auch ein recht exklusiver Spyder (der 365 GTS/4) wurde gebaut. Insgesamt kamen 50 dieser Wagen auf den Markt, doch wurde vielen Coupés das Dach nachträglich entfernt. Aber diese Veränderung hat niemals den Wert des echten Daytona erlangt.

Wenn auch der 275 GTB überwiegend als Strassenfahrzeug vorgesehen war, bestand kein Zweifel daran, dass die überragende Leistung des Daytona ihn zu einem ausgezeichneten Rennwagen der Kategorie GT machen würde. Für Renneinsätze wurden fünfzehn Daytona aus Aluminium und glasfaserverstärktem Kunststoff in drei Serien in Maranello gebaut. Die erste Serie besass Serienmechanik, bei der zweiten Serie verwendete man getunte Motoren mit einer Leistung von 402 PS und erleichterte die Fahrzeuge um 180 kg. Die dritte Serie erhielt eine modifizierte Aufhängung und brachte es auf eine Leistung von 450 PS. Private Rennfahrer, die mit Unterstützung von Ferrari diesen Wagen fuhren, erbrachten ihre besten Leistungen 1972 in Le Mans. Von neun gemeldeten Wagen erreichten fünf die ersten Plätze ihrer Klasse. Sie belegten alle Plätze zwischen dem fünften und dem neunten gegen ihre auf Prototypen fahrenden Konkurrenten. Der Daytona war niemals als Rennwagen für Vergleichswettbewerbe gedacht, aber er stellte seine Herkunft überzeugend unter Beweis, als er zum letzten Test antrat.

**Berlinetta Boxer
Aus der Formel 1 geboren**

Während der Daytona aus den allerersten V12-Ferraris mit dem traditionellen Frontmotor und Heckantrieb entwickelt wurde, war der im Jahre 1971 auf den Markt gekommene Berlinetta Boxer völlig anders. Der Motor des neuen Wagens lag hinter dem Cockpit, und seine 12 Zylinder waren erstmals waagrecht gegenüberliegend (180°) angeordnet. Die Philosophie «Rennen verbessern die Zucht» war für diese Neugestaltung verantwortlich, denn die Motoren der Formel-1-Wagen waren seit 10 Jahren hinter dem Fahrer eingebaut. Aber der Boxer war nicht der erste Mittelmotor-Ferrari, der die Strassen befuhr. Der Dino (zunächst mit einer 206- und dann 246-Version seines V6-Motors) war im Jahre 1968 bahnbrechend geworden. Ursprünglich anerkannte man ihn nicht als einen Ferrari, und auch heute noch akzeptieren ihn richtige Ferrari-Fans nicht. Der Dino zeigte jedoch sehr gute Fahreigenschaften durch die Konzentration der Masse zum Wagenmittelpunkt hin. Während das Strassenverhalten des Daytona genau so aussergewöhnlich wie seine Leistung war, führte die Verteilung des Gewichts auf Frontmotor und Getriebe-Einheit im Heck im Grenzbereich zu einem schwer zu beherrschenden Fahrverhalten. Zwar vermochte selten ein Fahrer den Daytona in solche Grenzbereiche zu bringen, aber vom Konzept her war der Wagen veraltet und bedurfte einer Modernisierung. Lamborghini hatte mit seinem Mittelmotor im Miura Ferrari aus der Spitzenposition als Neuerer inzwischen verdrängt. Nun war es an Maranello, mit einem allerneuesten Mittelmotor-Wagen zurückzuschlagen. Der Daytona wäre noch lange auf dem Markt geblieben, hätten nicht die exklusiven Käufer Ferrari davon überzeugt, dass dieser Wagen überholt war. Der neue Wagen mit der Bezeichnung 365 GT 4 BB hatte einiges mit dem Daytona gemeinsam, wenn sich auch sein flacher Zwölfzylinder-Motor vom Konzept her grundsätzlich unterschied. Nur der Hubraum von 4'390 cm³ war identisch. Tatsächlich waren viele Komponenten des Daytona-V12-Motors, wie die Kolben und Pleuel, übernommen worden, was für die Vernunft sprach, derer sich Ferrari immer bedient hatte. Die Vergaser stammten wie stets von Weber, zur Standardausrüstung des Boxer gehörten vier Dreifachvergaser. Die Kraft wurde von den 352 PS des Daytona auf 360 PS bei 7'000 U/min gesteigert. Das Drehmoment betrug 43 mkg bei 4'500 U/min.
Die Linienführung des Boxer war von draufgängerischer Schönheit. Pininfarina mischte die verführerischen Kurven des Dino mit den aggressiven Linien des Daytona und schuf ein neues Modell, das nichts anderes als ein Ferrari sein konnte. Dieses sichere Gefühl für aussergewöhnliche Formen zeichnet Pininfarina aus, und es ist nicht verwunderlich, dass Ferrari sich seit 1952 dessen Styling bedient.

Der Vorgänger des Testarossa war der 512 BB, der zunächst mit Weber-Vergasern, dann mit Bosch-K-Jetronic-Benzineinspritzung ausgestattet war. NACA-Lufteinlässe vor den Hinterrädern unterschieden den 4'942-cm³-512-Boxer vom 4'390-cm³-365.

Wenn auch der Mittelmotor nicht so praktisch war, erwies sich der Boxer doch beim täglichen Fahren als phantastisch. Der niedrige flache 12-Zylinder gestattete eine gute Sicht nach hinten, allerdings war im Vergleich zum Daytona der fehlende Kofferraum ein erheblicher Nachteil. Als echter Rennwagen für die Strasse setzte der Boxer bemerkenswerte Akzente hinsichtlich des Fahrkomforts, der Lärmverminderung und des Fahrverhaltens und beanspruchte den Fahrer weniger als der Daytona.

Sein Leistungsvermögen entsprach fast genau demjenigen des Daytona – obwohl er bis zu 128 km/h geringfügig schneller war. Über diesem Wert war der Boxer jedoch langsamer und erreichte nicht die vom Hersteller angegebene Spitzengeschwindigkeit von 291,3 km/h. Um noch einmal die Daten von Frère ins Gedächtnis zu rufen: der 365 GT 4 BB erreichte 0–97 km/h in 5,4 Sekunden, 0–160 km/h in 13,0 Sekunden und 0–225 km/h in 26,5 Sekunden.

Nachdem 387 Wagen des Typs 365 GT 4 BB hergestellt worden waren, sah sich Ferrari 1976 gezwungen, den Boxer den neuen europäischen Lärm- und Abgas-Vorschriften anzupassen. Da eine einfache Umstellung des 4,4-Liter-Motors auf Kosten der Leistung gegangen wäre, wurde die Bohrung von 81 mm auf 82 mm vergrössert, so dass sich ein Hubraum von 4'942 cm³ ergab, und der Kolbenhub wurde von 72 mm auf 78 mm erhöht. Wenn auch die Leistung auf 340 PS bei 6'200 U/min absank und die Drehmomentkurve des Motors zum Erzielen einer höheren Elastizität und eines besseren Ansprechvermögens abgeflacht wurde, stieg das Drehmoment des 4,4-Liter-Motors von 43 auf 45,8 mkg bei 4'300 U/min. Es wurde eine Trockensumpfschmierung eingebaut, um den Fliehkräften, resultierend aus den höheren Kurvengeschwindigkeiten des 512 BB, so die Bezeichnung des Wagens, Rechnung zu tragen. Für diese neue Version des Boxer gab der Hersteller einen etwas tieferen Spitzenwert von 283,2 km/h an, und auch die Beschleunigungszeiten hatten sich leicht erhöht. Als Antwort auf die Kritik, dass der 365 GT 4 BB bei hohen Geschwindigkeiten und starkem Wind zur Instabilität neige, erhielt der 512 BB Spoiler. Unter den weiteren Verbesserungen, die vorgenommen wurden, waren besonders bemerkenswert die NACA-Lufteinlässe an den hinteren Kotflügeln, um den hinteren Bremssystemen Luft zuzuleiten. Im Februar 1982 war die Weiterentwicklung des Boxer mit dem 512 BBi abgeschlossen. Er erhielt zur Steigerung seiner Elastizität eine Kraftstoffeinspritzung vom Typ Bosch K-Jetronic eingebaut. Wieder und wieder hatte sich Ferrari mit einer Perfektionierung des Wagens beschäftigt, um dem immer exklusiver werdenden Markt gerecht zu werden. Dennoch blieb die Leistung mit 340 PS bei 6'500 U/min auf dem gleichen Niveau, aber das Drehmoment stieg auf 46 mkg bei 4'200 U/min. Nun hatte sich Ferrari sanft an die Schwelle für den Testarossa herangeschoben. Der 1984 neu auf den Markt gebrachte Wagen sollte in technischer Hinsicht keine grosse Sensation darstellen wie der Boxer, aber Ferrari würde durch diesen neuen Wagen einige weitere Stufen auf der Erfolgsleiter seiner Superwagen erklimmen.

Der andere Testa Rossa
Der erste Rotkopf

Der heutige Testarossa ist nicht der erste Wagen von Ferrari, der diesen beziehungsvollen Namen trägt, der auserwählt war, um die romantischen Erinnerungen einer Reihe erfolgreicher Sportrennwagen der späten 50er und frühen 60er Jahre ins Gedächtnis zu rufen. Früher wurde dieser Rennsportwagen in zwei Worten «Testa Rossa» geschrieben, der moderne erscheint nun in einem Wort «Testarossa». Den Grund hierfür konnte ich niemals erforschen, dennoch lässt sich der Name wie ein musikalischer Triller von der Zunge rollen. Testa Rossa heisst in der Übersetzung «Rotkopf», hergeleitet von seinen feuerrot lackierten Ventildeckeln. Natürlich waren die Testa Rossa der 50er Jahre nicht die ersten mit roten Ventildeckeln, aber irgendwie blieb der Name haften. Der erste Testa Rossa kam als ein 2-Liter-500-Mondial-Sportwagen mit vier Zylindern auf den Markt, der Name wurde auf die überaus erfolgreichen Modelle des Jahres 1958 übertragen. Sie entsprachen den neuen Richtlinien der Commission Sportive Internationale (CSI) – der für den Motorsport massgebenden Vereinigung.

Heutzutage entspricht, wenn vielleicht auch sekundär, die Sportwagen-Weltmeisterschaft in ihrer Wichtigkeit den Formel-1-Weltmeisterschaften der 50er Jahre. Ein grosses Jahr war 1957, als die vier Automobilhersteller Ferrari, Maserati, Jaguar und Aston Martin die Meisterschaften mit immer leistungsfähigeren Wagen und stärkeren Motoren bestritten. Während der gesamten Geschichte der Autorennen waren Befürchtungen laut geworden, dass die Wagen zu leistungsstark würden, und 1957 war ein solches Jahr. Ferrari und Maserati pressten aus ihren 4,1- und 4,5-Liter-Motoren fast 400 PS heraus. Diese Kraftprotzerei zahlte sich nicht aus, denn die CSI schrieb vom Jahre 1958 an einen 3-Liter-Motor vor. Es war der Zeitpunkt, zu dem der Testa Rossa geboren wurde.

Aber wie gewöhnlich war Maranello mit seiner bewundernswerten Fähigkeit, Motoren auszutauschen, den Dingen gewachsen und entsprach den neuen Vorschriften. Gleichzeitig schlug Ferrari zwei Fliegen mit einer Klappe und bot den Wagen auf dem amerikanischen Markt an, wo im gleichen Jahr durch den Sports Car Club of America (SCCA) eine 3-Liter-Klasse vorgeschrieben worden war. Ferraris Sportflitzer waren immer wilde, starke Wagen, doch für den Privatkunden mussten sie auch relativ einfach beherrschbar sein.

Ferraris Designer-Team, angeführt von Ingenieur Andrea Fraschetti, verwarf zwei komplizierte Lösungen bezüglich der Viernockenwellenmotoren – den bereits existierenden Lampredi V12, der in den Rennwagen 315 S und 335 S Verwendung fand, und den V6 des Dino, der für die Formel 1 entwickelt worden war –, man wendete sich stattdessen der Entwicklung des Colombo-250-GT-3-Liter-V12-Zylindermotors zu. Fraschetti hatte rechtzeitig von der Änderung der Richtlinien Wind bekommen und begann im Jahre 1957 mit dem Bau eines Prototyps des Testa Rossa. Dieser Zwitterwagen – immer noch bekannt als Testa Rossa – gab sein Debüt bei dem 1000-Kilometer-Rennen auf dem Nürburgring im Mai. Es wurde ein bereits vorhandenes Chassis (mit einem Achsstand von 235 cm und einer De-Dion-Hinterradaufhängung) eines Modells, das gewöhnlich durch 3,8-Liter- und 4-Liter-Viernockenwellenmotoren angetrieben wurde, verwendet, jedoch wurde ein Zweinockenwellen-250-GT-3-Liter-V12-Motor eingebaut.

Der erfahrene belgische Rennfahrer Olivier Gendebien fuhr im Training die sechstbeste Zeit, übernahm dann jedoch für das Rennen einen 335 S, nachdem Wolfgang von Trips während einer Trainingsfahrt einen Unfall erlitt, als er das Brems- mit dem Gaspedal verwechselte. Ferraris Teamchef Romolo Tavoni benötigte dringend einen Ersatzfahrer für den «Prototyp Testa Rossa» und heuerte den nahezu unbekannten Carlo Marolli von der Stelle weg als Partner des Amerikaners Masten Gregory an. Gregory erkämpfte sich mit dem neuen Wagen anfangs den vierten Platz gegen die stärkere Konkurrenz, musste dann jedoch mit ansehen, wie Marolli auf den zehnten Platz zurückfiel. Ein zweiter 3-Liter-Prototyp wurde im Juni für das Rennen in Le Mans fertiggestellt. Dieser Wagen besass ein grösseres 500-Testa-Rossa-Chassis (aus dem älteren Vierzylinder-Wagen, der diesen Namen trug) mit einer Starrachse hinten. Die Karosserie war hingegen ganz anders, ein Design von Sergio Scaglietti (in dem obigen Bild makellos dargestellt), der eine Gestaltung der Karosserie entwarf, die dem Testa Rossa das Gepräge gab, die «Ponton-Karosserie». Diesen Spitznamen erhielt der Wagen wegen seines Frontstylings; die Kotflügel lagen getrennt von der Schnauze und, gleich einem Katamaran, viel Luft zum Kühlen der Vorderbremsen zu erhalten. Aber diese pontonartige Karosserie wurde später verworfen, da sich die aerodynamischen Eigenschaften als unzureichend erwiesen.

Entwicklung der Prototypen
Kleinere, aber dennoch konkurrenzfähige Motoren

Bei dem ursprünglich auf dem Nürburgring eingesetzten Prototyp wurde in dem 3,1-Liter-Zweinockenwellen-V12-Motor vor dem Trainingslauf in Le Mans ein Kolben beschädigt, dennoch machte sich dieser neue Prototyp unter Gendebien und Maurice Trintignant recht gut. Wieder fand ein Vergleichskampf zwischen Rennwagen mit grösseren Motoren statt, dennoch belegte das Paar den zweiten Platz, bis ein anderer Kolben Schaden nahm. Gendebien und Trintignant waren zum Aufgeben gezwungen. Zwei Prototypen des Testa Rossa nahmen im August beim schwedischen Grand Prix in Rabelov teil, dem Chassis von Le Mans war ein 3-Liter-V12-Motor zugeordnet, der sich beim Trainingslauf 1958 in seiner endgültigen Ausführung bewährt hatte. Der Hubraum ergab 2'953 cm^3 mit einer 73-mm-Bohrung und einem Hub von 58,8 mm, die Leistung betrug 300 PS bei 7'200 U/min. Aber beide von Gendebien/Trintignant und Gregory/Seidel gefahrenen Wagen schieden in den ersten Runden aus.

Das letzte Rennen um die Weltmeisterschaft fand im November 1957 in Caracas (Venezuela) statt, ein ungewöhnlicher Ort für ein solches Kopf-an-Kopf-Rennen von Ferrari und Maserati, die beide um den Titel rangen. Ferrari brachte zur Unterstützung seiner mit stärkeren Motoren versehenen Rennwagen zwei Testa-Rossa-Prototypen als Antwort auf die brutalen 450-S-Maschinen von Maserati ins Rennen. Aber der Vergleichskampf wurde für Maserati aufgrund einer unglaublichen Verstrickung in Unfälle zum Misserfolg. Im wahrsten Sinne des Wortes verlor Maserati sein Fahrerteam und die Rennwagen. Ferrari ging als Sieger aus diesem Rennen hervor. Die beiden Testa-Rossa-Prototypen belegten den 3. und 4. Platz, die erforderlichen Punkte für den Meisterschaftstitel waren gesichert. So endete eine Saison, in der sich das weise Vorausplanen Ferraris auszahlen sollte: der neue Testa Rossa war für die Saison 1958 nun ein ausgereifter Rennwagen geworden.

Offizieller Start
Werk- und Kundenwagen

Vierzehn Tage nach der Rückkehr aus Caracas wurde der Testa Rossa während einer Pressekonferenz in zwei Versionen der Öffentlichkeit vorgestellt – Werk- und Kundenmodelle, lautete die Ankündigung. Während die Werkwagen mit hinterer Starrachse oder De-Dion-Hinterradaufhängungen ausgestattet waren, war für die Kundenwagen nur die Starrachse vorgesehen. Auf der Pressekonferenz wurde der erste der neunzehn Kundenwagen, die in diesem Winter gebaut worden waren, vorgestellt. Sein Eigentümer sollte John von Neumann, der zuständige Ferrari-Repräsentant für die Westküste der USA, werden.

Der 3-Liter-Zweinockenwellen-V12-Motor behielt die in Schweden festgelegte Leistung von 300 PS. Es war die endgültige Entwicklungsarbeit von Ingenieur Carlo Chiti, der, nachdem Fraschetti bei einem Testunfall ums Leben kam, die Rolle des Chefingenieurs übernahm. Der Motor verfügte über eine herkömmliche Motorschmierung und atmete durch sechs Doppel-Vergaser des Typs Weber. Abgesehen von seiner ungeheuren Leistung und ausgeprägten Drehmomentverteilung, machte die hohe Zuverlässigkeit die Qualität dieses Motors aus, ein lebenswichtiger Faktor bei Rennen, die über sechs bis vierundzwanzig Stunden dauerten. Dieser Testa Rossa hatte die «Ponton»-Karosserie, wie sie in Le Mans gezeigt worden war, sein Chassis war ein konventioneller, kräftiger, röhrenförmiger Rahmen. Die Kraftübertragung erfolgte über ein Viergang-Getriebe, das am Motor angeflanscht war. Die Dämpfung erfolgte über veraltete Hebel-Stossdämpfer, und die Bremsen waren konventionelle Trommelbremsen mit Kühlrippen (obwohl Jaguar bereits seit 7 Jahren Scheibenbremsen verwendete). Es war ein robustes, seiner Aufgabe gewachsenes Automobil, dem neuesten Stand der Technik entsprach es jedoch keineswegs.

Ferraris Testa-Rossa-Werkwagen folgte eine wachsende Zahl an Privatwagen, die 1958 fast alles gewannen, was zu gewinnen war. Allerdings hatte Ferraris Konkurrenz zu diesem Zeitpunkt kaum etwas zu bieten. Maserati, finanziell in Schwierigkeiten geraten, hatte sich vorübergehend aus dem Rennsportgeschäft zurückgezogen. Jaguars D-Modelle wurden nur noch von Privatpersonen gefahren, und Aston Martin war noch mit der Entwicklung seines 3-Liter-DBR1-Motors befasst. Dagegen war Ferrari ausgezeichnet für die 3-Liter-Aera gewappnet. Für die Testa Rossa wäre es zum Desaster geworden, hätten sie 1958 die Weltmeisterschaften nicht gewonnen. Aber sie gewannen vier von den fünf Meisterschaftsläufen, an denen sie teilnahmen, die einzige Ausnahme blieb das 1000-Kilometer-Rennen am Nürburgring, das der brillante britische Rennfahrer Stirling Moss zum zweiten Mal auf einem Aston Martin gewann. Die Saison wurde im Januar in Buenos Aires eröffnet, am Rennen nahmen fünf Testa Rossa (drei Werkteams und zwei Privatteams) teil. Phil Hill/Peter Collins gewannen vor Mike Hawthorn/von Trips, und Ferrari belegte die ersten beiden Plätze. Ein weiterer Sieg winkte im März in Sebring. Hill/Collins überrundeten diesmal Luigi Musso/Gendebien; drei Privatfahrer unterstützten das Werkteam. Die Targa Florio auf Sizilien fand im Mai ohne einen einzigen Privatfahrer statt, aber drei der vier Werkwagen von Ferrari belegten den ersten, dritten und vierten Platz – Musso/Gendebien vor Hawthorn/von Trips und Hill/Collins.

**Zum ersten Mal in Le Mans
Ein Werkwagen gewinnt**

Obgleich Moss das Werkteam verlassen hatte, waren am Nürburgring im Juni vier Testa Rossa am Start und belegten die Plätze 2 bis 5 mit Hawthorn/Collins von Trips/Gendebien, Hill/Musso und Seidel/Gino Munraron. Drei Kundenwagen brachten die Gesamtzahl der teilnehmenden Testa Rossa auf sieben. Doch 10 Wochen später waren in Le Mans zehn Wagen am Start, Ferrari zeigte wieder Topform bei diesem fünften Weltmeisterschaftslauf, wenn auch aufgrund von Unzulänglichkeiten nur einer der Werkwagen, nämlich mit Hill/Gendebien, das Ziel erreichte, glücklicherweise an erster Stelle.

Diese Saison wurde von Ferrari dominiert, denn Testa Rossa errangen neunmal 1. bis 3. Plätze bei diesen fünf Rennen. Ihre Konkurrenten waren zugegebenermassen nicht die stärksten. Die sorgfältig entwickelten Testa Rossa verhalfen Ferrari zum Weltmeistertitel mit einem Vorsprung von 38 Punkten vor Aston Martin mit 16. Es war ein so überzeugendes Rennen, dass Ferrari es als müssig erachtete, an der abschliessenden Weltmeisterschaftsrunde, der Tourist Trophy in Goodwood, teilzunehmen.

Die Entwicklungsarbeiten wurden während der ganzen Saison fortgeführt. Zunächst wurde die hintere Starrachse durch eine De-Dion-Aufhängung und das vorne liegende Viergang-Getriebe durch ein transaxiales Fünfganggetriebe ersetzt, um das Gewicht umzuverteilen. Zur Zeit der Targa Florio hatte Ingenieur Chiti damit begonnen, die «Ponton»-Karosserie durch eine wesentlich stabilere zu ersetzen, um den aerodynamischen Auftrieb und die Instabilität bei hohen Geschwindigkeiten zu vermindern. Moderne Teleskop-Stossdämpfer traten an die Stelle der alten Hebelstossdämpfer, und Ferrari beugte sich schliesslich der neuen Brems-Technik, an die Stelle der Trommelbremsen traten Scheibenbremsen.

Nach der im Juni gewonnenen Meisterschaft verbrachte man den Rest des Jahres 1958 bei Ferrari damit, den Testa Rossa für die folgende Saison 1959 auf den neuesten Stand zu bringen. Die neue Pininfarina-Karosserie wurde von dem früheren Maserati-Karosseriebauer Medardo Fantuzzi konstruiert, da er zu diesem Zeitpunkt nicht ausgelastet war und Ferraris eigentlicher Zulieferer Scaglietti mit der Produktion vollauf beschäftigt war.

1959, ein mageres Jahr

Vielleicht hatte sich Ferrari etwas zu lange auf seinen Lorbeeren ausgeruht nach diesen drei aufeinanderfolgenden Weltmeisterschaften. Die Saison 1959 wurde in Sebring eröffnet, und dieses Rennen sollte das einzige sein, das Ferrari in diesem Jahr gewann. Drei Testa Rossa gingen an den Start, und zwei von ihnen

Der Franzose Jean Behra mit dem in Sebring 1959 zweitplazierten Wagen.

führten. Nachdem Hill/Gendebien mit einem Schaden am Differential aufgeben mussten, übernahmen die zwei Starfahrer den Wagen von Gurney/Daigh, um die Spitzenstellung zu halten. Hill fuhr grossartig durch den strömenden Regen. Drei Testa-Rossa-Werkwagen nahmen an der Targa Florio teil, aber alle mussten mit Defekten am neuen Transaxial-Differential aufgeben. Obwohl Gurney/Cliff Allison und Jean Behra/Tony Brooks in Führung gelegen hatten, bestanden Zweifel, hätten sie das Rennen beendet, ob sie den flinken kleinen 1,5-Liter-Porsche hätten schlagen können, der ihnen dicht auf den Fersen lag. Die Testa Rossa wurden nach diesem Fiasko wegen Unzuverlässigkeit aus den Rennen gezogen, und Aston Martin gewann die letzten drei Meisterschaftsläufe und siegte mit 24 Punkten vor Ferrari mit 22. Während Aston Martin seinen DBR zu einem verlässlichen und schnellen Wagen entwickelt hatte, zeigte Ferrari 1959 leichte Mängel in der Organisation. Die Testa Rossa waren zwar schnell genug, aber uncharakteristisch anfällig: Die Hinterachsdifferentiale hatten versagt, und alle Bemühungen in Le Mans wurden durch Motorschäden zunichte gemacht.

Die Testa Rossa kehrten 1960 ins Rennen zurück, jedoch waren sie mehr und mehr von Dino-V6-Sportwagen begleitet, die auf Ferraris Formel-1-Motoren aufbauten. Neue Vorschriften hatten zur Folge, dass die elegante Linienführung des Testa Rossa durch Rundum-Windschutzscheiben und Scheibenwischer verschandelt wurde. Aber es schien, als hätte Ferrari alles wieder ins rechte Lot gebracht. Noch einmal gewann Ferrari den ersten Weltmeisterschaftslauf für

Sportwagen in Buenos Aires mit Hill/Allison vor Richie Ginther/von Trips, aber dann begannen die Probleme erneut. Private Testa-Rossa-Fahrer mussten in Sebring Maranellos Ruhm verteidigen, nachdem das Werktrio zurückgezogen worden war. Es hatte einen Disput mit den Organisatoren gegeben – sie hatten darauf bestanden, dass ein bestimmtes Benzin von allen Teilnehmern benutzt wird. Ferrari fühlte sich Shell gegenüber verpflichtet und weigerte sich, unter diesen Gegebenheiten am Rennen teilzunehmen.

Da die kurvenreiche Strecke der Targa Florio schnelle Wagen verlangte, schickte Ferrari nur zwei Testa Rossa. Anstelle der De-Dion-Hinterachse traten hintere Einzelrad-Aufhängungen. Mit diesen beiden Wagen gingen drei kleinere, mit V6-Motor ausgestattete Rennwagen an den Start. Beide V12-Wagen wurden während der Trainingsfahrten beschädigt, einer erlitt Totalschaden. Der zusammengeflickte zweite Wagen wurde von Ginther/Allison gefahren, aber auch diesen fuhr Ginther zu Schrott. Für Hill/von Trips gab es auf einem Testa Rossa ein halbherziges Comeback am Nürburgring (nunmehr mit Einzelrad-Aufhängung ausgestattet), ebenso für Allison/Willy Mairesse auf einem Testa Rossa mit De-Dion-Hinterachse. Der Wagen von Hill/von Trips führte zunächst, blieb dann aber mit Motorschaden auf der Strecke, aber Hill übernahm in den Endrunden den zweiten Testa Rossa und sicherte so den dritten Platz.

Wieder Le Mans
Von Porsche bedrängt

Wieder einmal war Ferrari bei der Meisterschaft schlecht plaziert, deshalb mussten die Wagen in Le Mans gewinnen, um nur noch einen Hoffnungsschimmer auf den Titel zu haben. Die Rivalen Porsche und Maserati (wieder zurück im Rennen mit seinem «Birdcage»-Wagen) teilten sich die Punkte, die Ferrari fehlten. Der Schlüssel in Le Mans für einen Sieg lag nicht nur in den ungeheuren Pferdestärken, sondern auch in der Verlässlichkeit der Wagen für die drei Meilen lange Mulsanne-Gerade. Ferrari setzte auf die Testa Rossa und schickte ein fünfköpfiges Team ins Rennen. Zwei der Testa Rossa ging schon während der ersten Phasen des Rennens aufgrund einer Fehlberechnung der Sprit aus. Die beiden anderen fuhren jedoch so perfekt, dass Ferrari die ersten beiden Plätze belegen konnte. Gendebien/Paul Frère blieben von der zweiten bis zur vierundzwanzigsten Stunde in Führung, und Ricardo Rodriguez/André Pilette rückten in der vierzehnten Stunde auf den zweiten Platz vor. Dies reichte aus, um Porsche den Weltmeistertitel mit 30 zu 26 Punkten zu entreissen und dem Testa Rossa innerhalb von drei Jahren zum zweiten Mal die Krone aufzusetzen. Immer noch lebte ein Wagen, der auf einen Entwurf aus dem Jahre 1957 zurückging; niemals hatte ein Rennwagen von Ferrari so lange die Spitze des Rennwesens innegehabt.

Haifisch-Schnauze
Der dritte Meisterschaftstitel

Die Saison 1961 war die letzte für den Testa Rossa, denn eine neue, auf GT-Fahrzeuge ausgerichtete Meisterschaft (für geschlossene Coupés) war für 1962 im Kommen. Die Testa Rossa sollten tatsächlich die Bühne mit einer Sensation verlassen; sie gewannen drei der fünf Rennen in dieser Saison, obgleich Ferrari zusammen mit den Testa Rossa die Dino mit Heckmotor entwickelt hatte und ins Rennen schickte. Weitere Modernisierungen führten zur schnittigen Fantuzzi-Karosserie mit geteilter Kühleröffnung, gleich einem Haifischmaul, die in diesem Jahr für alle Rennwagen typisch war, die bei Ferrari gebaut wurden.

Ferrari brillierte beim Start der neuen Saison in Sebring, Testa Rossa der 61er Spezifikation belegten die ersten drei Plätze. Das vielversprechende Paar Hill/Gendebien trug den Sieg davon, von Trips/Ginther belegten den zweiten Platz, nachdem die Lenkung des 246 SP von Mairesse/Giancarlo Baghetti brach, und die mexikanischen Brüder Rodriguez (Pedro und Ricardo) kamen auf den dritten Platz. Um dem Erfolg Ferraris die Krone aufzusetzen, belegte ein Privat-Testa Rossa der 60er Spezifikation mit Hap Sharp/Hissom den vierten Platz. Nur ein einziger Testa Rossa wurde mit zwei 246 SP mit Heckmotor auf die Targa Florio gesandt, aber Pedro Rodriguez (wieder zusammen mit seinem jüngeren Bruder) kam von der Strasse ab, der Treibstofftank wurde so stark beschädigt, dass der Wagen ausscheiden musste. Ferrari errang jedoch noch einen weiteren Sieg mit einem der 246 SP. Ein einziger Testa Rossa, mit den Rodriguez-Brüdern im Cockpit, ging auf dem Nürburgring an den Start und erkämpfte hinter einem Maserati Birdcage den zweiten Platz.

Le Mans 1962
Sieger über die neue Generation

Weiterhin blieben die Testa Rossa die Asse bei den Weltmeisterschaften. Auf dem Reissbrett erweckten sie den Eindruck, als seien sie direkt für Le Mans konstruiert worden. Und so war es dann auch bei diesem aufregenden Rennen. Der private Testa Rossa der Rodriguez-Brüder vollführte ein wahres Feuerwerk in dem Versuch, die Werkteams mit Hill/Gendebien und Mairesse/Mike Parkes zu schlagen, doch dann brach ein Kolben. Die Testa-Rossa-Werkwagen brachten einen Doppelsieg nach Hause, mit Hill/Gendebien auf dem ersten Platz. Die Bedrängnis durch die Mexikaner hatte die Gewinner zur Rekorddurchschnittsgeschwindigkeit von 187 km/h angespornt. Es war ein überzeugender Auftritt in der vierjährigen Spitzenstellung, die der Testa Rossa einnahm. Die Weltmeisterschaft war für Ferrari entschieden, um die letzte Runde in Pescara braucht man sich keine Sorgen mehr zu machen. Ferrari brachte wieder einen 246 SP ins Rennen und lieh einen Testa-Rossa-Werkwagen an das private Team Scuderia Centro Sud für die Piloten Lorenzo Bandini/Giorgio Scarlatti aus. Und als sollte es ein Abschiedsgeschenk für den Testa Rossa werden, Bandini/Scarlatti siegten.

Aber in der folgenden Saison, so stellte sich heraus, sollte der Testa Rossa durchaus noch nicht Legende sein. Die Organisatoren der Rennen befürchteten, dass die neuen GT-Klassen der CSI die Zuschauer weniger beeindrucken würden. Man gab grünes Licht für die sogenannten «Prototypen» mit einer Maximalleistung von 4 Litern. Ferrari entwickelte einen 4-Liter-V12-Zylindermotor mit einer Leistung von 390 PS und baute diesen Motor in einen Testa-Rossa-Versuchswagen ein (der nun die Bezeichnung 330 TR/LM trug). In Le Mans sollte dieser Wagen von den alten Hasen Hill und Gendebien gefahren werden. Das Rennen war das Ende der Vorherrschaft des Testa Rossa, der noch ein letztes Mal erfolgreich war. Der Wagen gewann mit einem Vorsprung von 66 km und erlangte den vierten Sieg in Le Mans innerhalb von fünf Jahren. Es war das dritte Mal, dass Hill und Gendebien erfolgreich für Ferrari gefahren waren, und es war Gendebiens vierter Sieg bei diesem klassischen Ereignis.

Design und Entwicklung

Ferrari und Pininfarina haben den Testarossa unter sorgfältiger Berücksichtigung aller Aspekte des wegweisenden Designs des Berlinetta Boxer geschaffen

Zehn Jahre lang ist der Berlinetta Boxer das Flaggschiff der Superwagen von Ferrari gewesen. Seit seinem Erscheinen 1971 wurde er ständig verbessert und als 365 GT4 BB mit einem 4,4-Liter-Motor auf den Markt gebracht. Dieses Modell wurde 1976 zum 512 BB mit nahezu 5 Litern. Als dieser Wagen mit einer Bosch-K-Jetronic-Kraftstoffeinspritzung versehen worden war, avancierte er 1982 zum Modell 512 BBi. Im Jahre 1975, als der Boxer immer noch wie einer der modernsten Wagen aussah, trug man sich in Maranello mit dem Gedanken, einen Ersatz zu schaffen, obwohl man den Boxer durch ständige Weiterentwicklung, wie auch den Porsche 911, noch viele Jahre lang hätte am Leben erhalten können. Aber Ferrari ist ein Automobilhersteller, der sich nie auf seinen Lorbeeren ausruhte. Immer wieder musste Enzo Ferrari auf die Frage, welches sein Favorit unter seinen Wagen sei, antworten: «Der, den ich morgen bauen werde».

Testarossa Rationale Erschliessung des Weltmarktes

Unter den vielen Zielen, die sich Ferrari für seinen neuen Zwölfzylinder gesetzt hatte, stand ganz oben die Rückeroberung des amerikanischen Marktes. Wenn auch seine V8-Zylinder-Wagen in den USA verkauft werden konnten, würde der Boxer niemals den amerikanischen Sicherheits- und Umweltbestimmungen entsprechen. So gelang es Ferrari nicht, während der ganzen 70er Jahre einen einzigen Zwölfzylinder in den Vereinigten Staaten zu verkaufen.

Dies war vorauszusehen, denn allen Fahrzeugherstellern waren die in den USA vorgesehenen Crashtests und Umweltanforderungen bekannt, als der Boxer in der Planung war. Ferrari machte sich nicht allzu grosse Sorgen über die amerikanischen Anforderungen, denn es bestand Grund zu der Vermutung, dass als Ergebnis hiervon der amerikanische Markt für Superwagen stagnieren würde. Das Werk sah auch keine Veranlassung, einen grossen Zeit- und Geldaufwand zu betreiben, um die hervorragende Leistung des neuen flachen 12-Zylinder zu drosseln und unförmige Stossstangen «anzuklatschen». Enzo Ferrari wollte seine Superwagen der letzten Perfektion zuführen und war nicht bereit, derartige Zugeständnisse zu machen. Der Boxer würde seine Käufer hauptsächlich in Europa finden, und Ferrari war überzeugt, dass der Markt für die limitierte Auflage, die er geplant hatte, gross genug war. In dieser Hinsicht schuf der Testarossa einen bemerkenswerten Sinneswandel.

Die Verantwortung für die Entwicklung des Testarossa lag in Maranello bei drei Männern: Dr. Ing. Angelo Bellei von der Projektabteilung und Ing. Maurizio Rossi von der Versuchsabteilung sowie Ing. Nicola Materazzi von der Motorenabteilung. Während Bellei inzwischen pensioniert wurde und Materazzi die Ferrari-Werke verlassen hat, blieb Rossi in Maranello und ist zur Zeit mit der Qualitätskontrolle beschäftigt. Er legt Wert auf die Feststellung, dass die Bezeichnung Testarossa «Rationale» für die verfeinerte Qualität des 512 BB stand. «Es gab vieles, was wir verbessern wollten, um den Boxer zum Testarossa zu entwickeln», sagte er. «Zunächst musste der Wagen eine besonders schöne Linienführung haben, da er die Nachfolge eines sehr attraktiven Wagens antreten sollte. Vielleicht war der grösste Nachteil des Boxers, dass er unpraktisch war. Es gab zwar genügend Raum für zwei Personen, aber nur einen sehr begrenzten für Gepäck – ein kleiner Raum unter der Fronthaube und keinen im Wageninneren. Der Wagen liess sich ausgezeichnet fahren, dennoch erfüllte er seinen Zweck als Reisewagen nicht. Wir hatten auch bereits sehr zeitig entschieden, dass die Wasserkühler von der Vorderfront an die Seiten des Wagens verlegt werden müssten, wie dies bei Formel- und Rennsport-

Ingenieur Maurizio Rossi, oben, von der Versuchsabteilung in Maranello war ein wichtiger Mann beim Entwurf des Testarossa. Die Konfiguration des Wagens wurde im beeindruckenden Studio «Studi e Ricerche» (rechts) von Pininfarina in Cambiano, einem Vorort von Turin, geboren.

wagen der Fall ist. Hierdurch würde sich nicht nur vorne ein grösserer Kofferraum ergeben, sondern es würde auch mehr Masse in der Mitte des Wagens konzentriert, wodurch das Fahrverhalten und die Beherrschbarkeit verbessert würden. Auf jeden Fall ist es nicht ratsam, die Masse an den äussersten Ecken des Wagens zu haben, weil dies ein höheres Trägheitsmoment erzeugt, wodurch die Beherrschung des Wagens nahe seiner Haftungsgrenze schwierig wird.

Aber für das Verlegen der Kühler an die Wagenseiten gab es noch viele andere Vorteile. Einmal ergab sich eine verbesserte Aerodynamik, da wir keine Kühleröffnungen in dem von vorne kommenden Luftstrom mehr benötigten. Wir konnten auch ein vereinfachtes Schlauchsystem zwischen Kühler und Motor montieren und auf die durch das Wageninnere hindurch verlaufenden Rohre verzichten. Seitlich angebrachte Kühler machten den Wagen natürlich breiter, aber so konnten wir auch breitere Reifen verwenden, die wir der besseren Griffigkeit wegen für zweckmässig hielten. Die schlechte Anfahrtraktion des Boxers war eine seiner Schwächen, da seine Hinterreifen nur wenig breiter waren als die Vorderreifen. Aber da wir beim Testarossa eine Leistungserhöhung anstrebten, hielten wir grössere Reifen für unbedingt notwendig».

Ferrari–Pininfarina
Eine fruchtbare Partnerschaft

Auf die Frage, ob der Testarossa bei Pininfarina oder Ferrari entworfen worden ist, antwortete Rossi, was für Italiener typisch ist, sinnbildlich: «Rückblickend kann man das schwer sagen. Es kommt der Frage gleich, wer zuerst da war, das Huhn oder das Ei. Aber nein, lassen wir den Spass beiseite, Ferrari gibt gewöhnlich an Pininfarina eine Aufstellung der Parameter, die uns für das neue Modell vorschweben. Wir erklären ihnen die Konfiguration des Motors und Chassis, den Radstand und die Spurbreite, eine Minimalgrösse für den Fahrgastraum, Kofferraum etc. Wir versuchen, unsere Vorstellungen von dem Wagen so klar und vollständig wie möglich darzulegen.

Anstatt unsere Wagen in Maranello zu entwerfen, gehen wir zu Pininfarina, da wir sie für die beste Styling-Firma derzeit halten. Wir arbeiten schon seit vielen Jahren zusammen, und es besteht ein ausgezeichnetes Verhältnis zwischen beiden Firmen.»

So wurde Pininfarina Anfang 1978 beauftragt, die ersten Entwurfsvorschläge für den neuen Testarossa vorzulegen. Es ist eine Seltenheit, dass Pininfarina Einzelheiten der Entwürfe während der Entwicklungsphase nach aussen dringen lässt, aber bei unserem Besuch zeigte man uns eine Auswahl an Ideen für den Testarossa, die aber später wieder verworfen wurden. Ein sieben Mann starkes Designerteam unter Leonardo Fioravanti, Generaldirektor des Forschungsinstituts bei Pininfarina in Cambiano, etwa 35 km östlich von Turin, erstellte die ersten Studien unter getreuer Beachtung der Anweisungen von Ferrari bezüglich der Dimensionen und Konfiguration. Zunächst wurde der Frontkühler beibehalten. Erste Vorschläge für den Testarossa zeigten klar die Ähnlichkeit mit dem Boxer und dem 308 GTB, die beide von Pininfarina entworfen worden waren. Der Frontkühlergrill und die kleinen Seiteneinlässe sollten lediglich der Luftzufuhr zum Motor dienen und sind auf den 1978 gefertigten Zeichnungen deutlich erkennbar.

Zu diesem Zeitpunkt lag der erste Entwurf vor, als Ferrari die Idee von Seitenkühlern anschnitt. So zeigt der spätere Entwurfsvorschlag grössere Lufteinlässe an den Flanken für diese Kühler und somit eine Abkehr von der Konfiguration des Boxer. Einige Entwürfe zeigen bananenförmige Längsträgerprofile zwischen den Rädern, wie sie sich zum ersten Mal in Pininfarinas berühmten Entwurf «ideale Aerodynamik» des Jahres 1978 finden. Aber auch diese Ausführung kam aufgrund der geschätzten Produktionskosten nicht zum Tragen. Zwei weitere Vorschläge enthielten getrennte hintere Seitenflossen, aber Ferrari war der Ansicht, dass dies vom ästhetischen Standpunkt aus eine nicht akzeptierbare Lösung darstellte, um dem aerodynamischen Auftrieb entgegenzuwirken.

Pininfarina wusste, dass aufgrund des Vorschlags von Ferrari hinsichtlich von Seitenkühlern ein langer Weg mit diesem schwierigen Modell zurückzulegen war. Zwischen der Vorlage des ersten Entwurfs und der Genehmigung und Festlegung des endgültigen Designs des Testarossa vergingen mehr als drei Jahre. Nachdem Ferrari das Konzept für den Wagen einmal akzeptiert hatte, bestand zu Ende 1981 der nächste Schritt darin, ein massstabgerechtes Polystyrolmodell zu konstruieren. Anhand der vorliegenden Zeichnungen wurde es gebaut, jedoch waren aus ästhetischen oder anderen, praktischen Gründen weitere Änderungen erforderlich, als das rohe dreidimensionale Muster verfügbar war. Pininfarina war stets bestrebt, die Modelle massstabgetreu zu bauen, um Ferrari einen besseren Überblick zu ermöglichen. So wurde bei Pininfarina Polystyrol anstelle von Ton verwendet, weil dieser Kunststoff leichter bearbeitbar und formbar ist. Nachdem Ferrari die endgültige Zustimmung gegeben hatte, wurde das Modell in Kunststoffharz gegossen; das dauerhafte, massstabgerechte Modell war entstanden. Zwei wesentliche Veränderungen sind klar durch einen Vergleich des «definitiven» hinteren Drittels mit dem endgültigen Modell erkennbar. Das ursprünglich vorgesehene abfallende hintere Fenster aus Plexiglas wurde zugunsten einer flachen Motorverkleidung verworfen, um eine bessere Wärmeableitung zu gewährleisten, und die NACA-Lufteinlässe an den Flanken des Wagens wurden durch flossenförmige oder kiemenartige Öffnungen ersetzt, um den Luftfluss zu den Kühlern zu verbessern. Andererseits sind die breiten hinteren Kotflügel und das in dem Entwurf gezeigte Heckteil identisch mit der fertigen Form des Wagens.

Das massstabgetreue Kunststoffmodell existiert noch heute und wurde für die Photographen in die Ausstellungshalle gefahren, in der es zum ersten Mal Enzo Ferrari und seinen Mannen zu Gesicht kam. Dieser Raum, so gross wie ein Badminton-Platz mit weissem Marmorboden, weissen Wänden und ebener Decke, verfügt über zwei ferngesteuerte Drehbühnen am äusseren Ende, die es dem Kunden ermöglichen, das Modell aus jedem Blickwinkel zu betrachten. Aus der Entfernung betrachtet, sieht diese Testarossa-Attrappe wie das richtige Fahrzeug aus, doch bei näherem Hinsehen lässt sich nicht leugnen, dass diese scharlachrote Version nur eine künstliche Schale ist. Hauben- und Türspälte sind durch feine schwarze Striche angedeutet, hinter dem getönten Glas erspäht man die Attrappe der Innenausstattung, es fehlen die Aussenspiegel und die Einlässe für die Klimaanlage im Frontspoiler. Aber dieses Kunstharzmodell wurde nicht nur zur endgültigen Genehmigung durch Ferrari bezüglich seines Designs geschaffen, es wurde auch zur Bewertung der aerodynamischen Eigenschaften in Pininfarinas Windkanal in Grugliasco getestet. Es wurden keine wesentlichen Änderungen vorgenommen, obwohl der Luftwiderstandswert des Testarossa mit 0,36 die Bezugsgrösse von 0,30, die zu jenem Zeitpunkt Audi mit seinem beeindruckenden Modell 100 setzte, nicht erreichte. Von Anfang an waren die zu den Seitenkühlern führenden grossen Öffnungen mit fünf Rippen versehen, wie es die Bestimmungen forderten. Zunächst waren diese Rippen schwarz, doch schon bald wurden sie in der gleichen Farbe wie die Karosserie lackiert. Während Pininfarina noch im Windkanal arbeitete, begann Ferrari in der Versuchsabteilung in Maranello mit dem Bau seines ersten Prototyps. Hier widmete man sich zunächst den mechanischen Bauteilen. Nachdem der Prototyp fertiggestellt war, wurden für Ferrari fünfzehn weitere Wagen von ITCA, einer in Turin ansässigen Firma, gebaut, die auch die für die Produktion des Testcrossa bestimmten Chassis und Karosserien fertigte. Pininfarina lackierte diese Prototypen und stattete sie aus, so dass sie zum Zeitpunkt ihres ersten Tests dem Aussehen eines fertigen Testarossa entsprachen.

Verbesserung des flachen 12-Zylindermotors

Als der Testarossa entworfen wurde, hatte der flache 12-Zylindermotor des Berlinetta Boxer viele Verbesserungen erfahren. Er wurde 1971 zusammen mit dem Boxer entwickelt und gab dem Wagen seinen Namen – die waagrecht entgegengesetzte Kolbenbewegung ist vergleichbar mit den Armbewegungen eines Boxers. Dr. Ing. Giuliano de Angelis war für die Entwicklung des flachen 12-Zylinders verantwortlich und ging in seinen Gedanken von den Rennpraktiken Ferraris aus. Ein flacher 12-Zylinder ist eine ungewöhnliche Motorkonfiguration, und Ferrari hatte deshalb drei Renneinheiten dieses Modells bereits fünf Jahre vor der Strassenversion entwickelt. Im Jahre 1964 stellte Ing. Mauro Forghieri einen flachen 1,5-Liter-12-Zylinder für Formel-1-Rennen vor, der auf 220 PS bei 11'500 U/min kam. Als die neuen Vorschriften ergingen, wurde er 1965 zu einem 3-Liter-Motor ausgefeilt. Es gab jedoch noch einen weiteren flachen 2-Liter-12-Zylinder mit einer Leistung von 290 PS bei 11'000 U/min im Jahre 1968, bevor Ing. Forghieris flacher 3-Liter-12-Zylinder, der Formel-1-312B-Motor 1969 auf die Rennstrecken kam. Ferraris Rennwagen fuhren zwischen 1970 und 1979 in Grand-Prix-Rennen siebenunddreissig Siegen entgegen. Die Leistung stieg von 450 PS bei 11'000 U/min auf 512 PS bei 12'300 U/min bis zum Ende ihrer Einsatzzeit.
Dies war dann der Weg, der zu Dr. Ing. de Angelis strassentauglichen flachen 12-Zylindermotoren führte. Die Leistungsfähigkeit und Verlässlichkeit dieser Version fand die Zustimmung der Rennabteilung, und der Motor zeichnete sich durch hervorstechende Vorteile aus – ein flacher 12-Zylinder war kompakt, liess gute Sicht nach hinten in einem Mittelmotor-Wagen zu und hielt den Schwerpunkt tief. Man machte sich schon zeitig Gedanken über einen Quereinbau des bestehenden V12, wie im Lamborghini Miura, aber ein neuer flacher 12-Zylinder erschien von Anfang an die beste Lösung. Die Bauart lehnte sich eng an den 312B-Motor an, jedoch wurde sein Hubraum auf 4,4 Liter erhöht, um die notwendige Antriebskraft zu erzielen. Auch konnten bereits vorhandene Bauelemente des V12, wie Kolben und Pleuel, verwendet werden. Viele Merkmale des V12, wie die oben paarweise in den Zylinderköpfen liegenden Nockenwellen und das Verdichtungsverhältnis von 8,8:1, wurden übernommen – jedoch wurden anstelle von Ketten Zahnriemen verwendet. Während der Daytona das Benzin durch sechs Weber-Doppelfallstromvergaser ansaugte, lagen beim flachen 12-Zylinder vier Weber-Dreifachvergaser vor. Mit dem gleichen Hubraum wie beim V12 erbrachte der flache 12-Zylinder etwas mehr Kraft: Die Leistung stieg im Vergleich zum Daytona mit 352 PS bei 7'000 U/min auf 360 PS bei 7'000 U/min (und einige Prototypen erreichten 20 PS mehr). Das Drehmoment von 43 mkg lag unter demjenigen des Daytona (43,6 mkg), wobei der flache 12-Zylinder schon bei 1'000 U/min ein brauchbares Drehmoment entwickelte, um bei 4'500 U/min den Höchstwert zu erreichen.

Der Kampf gegen die Emissionen

Während der 13jährigen Lebensdauer des Boxer erfuhr der V12 zwei wesentliche Änderungen. Im Juli 1976 kam eine 5-Liter-Version auf den Markt, deren Bohrung x Hub von 81 x 72 mm auf 82 x 78 mm und deren Verdichtungsverhältnis auf 9,2:1 erhöht wurde. Dies war aufgrund der strengen europäischen Lärm- und Abgas-Vorschriften erforderlich geworden – der Hubraum musste vergrössert werden, um die Leistung des Boxer zu bewahren. Das Drehmoment stieg auf 45,8 mkg bei 4'300 U/min, jedoch sank die Höchstleistung auf 340 PS bei 6'200 U/min, da der grosse Motor nicht auf so hohe Drehzahlen ausgelegt war. Gleichzeitig wurde eine Trockensumpfschmierung eingebaut, um den Öldruckproblemen bei starkem Bremsen und in Kurven entgegenzuwirken. 1982 kam dann der 512 BBi heraus, der mit einer mechanischen Bosch-K-Jetronic-Einspritzung trat.
Gleichzeitig mit der Vorbereitung der Produktion für den neuen 512 BBi, arbeitete das Team unter Ing. Materazzi an einer weiteren Verbesserung des flachen 12-Zylindermotors für den Testarossa. Man verfolgte zwei Ziele: Erstens wollte man den Motor «reinwaschen», damit er den amerikanischen Emissionsvorschriften gerecht wurde, zweitens war man bestrebt, die Drehmomentcharakteristika zu verbessern. Wenn auch der flache 12-Zylinder immer ausgezeichnete Leistungen erbracht hatte, fehlte ihm das für das tägliche Fahren wichtige Ansprechvermögen.
Wie seinerzeit auch andere Automobilhersteller, erkannte Ferrari, dass die Antwort zur Erhöhung der Motorleistung bei der Verwendung von vier Ventilen pro Zylinder lag. Aber dies war keine Erfindung aus Maranello, denn «quattrovalvole»-Zylinderköpfe, direkt aus Rennerfahrungen gewonnen, waren bereits für den 3-Liter-V8-Motor entwickelt worden. Dennoch

Unter Leonardo Fioravanti begann ein Team aus sieben Designern 1978 bei Pininfarina mit Vorschlägen für das Styling. Diese Vorlagen sind eine kleine Auswahl derjenigen, die Ferrari vorgelegt wurden. Die oberen beiden Entwürfe in der ersten Spalte geben Einzelheiten des fertigen Designs wieder, die übrigen nicht verwertete Ideen. Zunächst wurde ein vorne angebrachter Kühler vorgeschlagen, gezeigt am blauen Wagen mit kleinen seitlichen Lufteinlässen zum Motor. Später wurden diese Einlässe grösser. Die beiden unteren Vorschläge in der dritten Spalte zeigen, wie der Testarossa Gestalt anzunehmen beginnt.

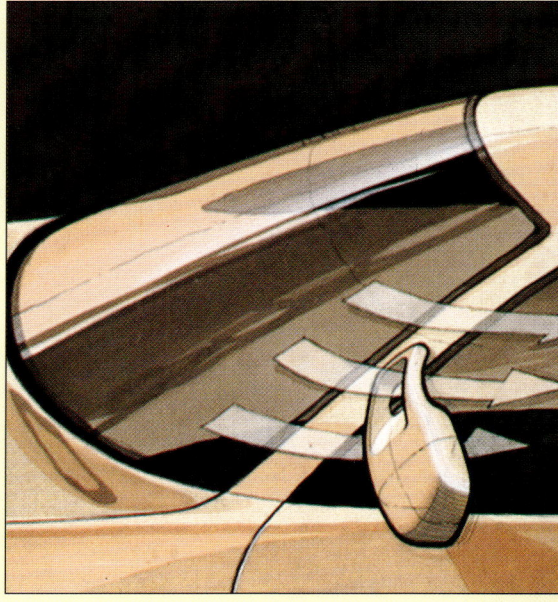

17

war es an der Zeit, über die Theorie der Vierventil-Zylinderköpfe nachzudenken; schliesslich hatten sie dem Testarossa 50 PS Gewinn über den 512 BBi gebracht. Wenden wir uns noch einmal kurz der Vergaserversion des flachen 12-Zylinder zu. Hier hatte der Motor eine Vergasereinheit und zwei Ventile pro Zylinder. Das Kraftstoff/Luft-Gemisch wurde vom Motor angesaugt. Durch relativ grosse Ventilüberschneidungszeiten ergab sich ein ausgesprochener Leistungsmotor. Wenn man nun die Vergaser durch eine kontinuierlich arbeitende Einspritzanlage ersetzt, erweist sich die Ventilüberschneidung als ungünstig, da Benzin unverbrannt über das Auslassventil entweicht und an die Aussenwelt abgegeben wird. Um den Bestrebungen der Umweltbehörde zu entsprechen, muss diese Ventilüberschneidungzeit bei Einspritzmotoren mit zwei Ventilen verkürzt werden, was wiederum in einem Leistungsverlust resultiert. Der einzige Weg, dem Motor genügend Benzin/Luft-Gemisch zuzuführen, bestand darin, den Teil der Verbrennungskammer ausreichend zu vergrössern, in den die Ventile eingesetzt sind, mit anderen Worten: vier Ventile vorzusehen. Hierdurch liess sich die für sauberes Abgas erforderliche Verkürzung der Überschneidungszeit bewerkstelligen, ohne die Motorleistung zu beeinträchtigen. Ein zusätzlicher Vorteil war die bessere Leistung im unteren Drehzahlbereich. «Aber», so erklärte mir Rossi, «diese Vierventil-Technik erfordert auch eine vollständige Anpassung an den Motor. Es reicht nicht aus, nur ein zusätzliches Paar Ventile in jede Verbrennungskammer einzubauen; auch der Länge, dem Volumen und der Form der Einlass- und Auspuffsysteme gebührt Aufmerksamkeit. Während aller Tests mit unseren versuchsweise laufenden Testarossa-Motoren hatten wir alle Hände voll zu tun. Wissen Sie, es schien uns, mit Orgelpfeifen zu tun zu haben. Wir probierten verschiedene Längen, Formen und Grössen der Einlass- und Auslasstrakte aus, und wir beschäftigten uns natürlich auch mit Kombinationen, bis wir endlich die optimale Lösung fanden. So wendeten wir eine Menge Zeit auf, um die Leistung zu erhöhen und stets auf jedem Punkt der Leistungskurve das bestmögliche Drehmoment zu erzielen. Abgesehen davon, bezweckten wir mit vier Ventilen eine Verminderung des Schadstoffausstosses, um den Vorschriften auf der ganzen Welt zu genügen, weiterhin ergab sich hierdurch ein geringerer Benzinverbrauch. Mit dem Zweiventil-Boxer konnten wir den amerikanischen Emissionsvorschriften nicht entsprechen, aber nach viel anstrengender Arbeit bekamen wir für unseren Testarossa das Federal Emission Certificate.

Wir verwendeten nun ein Bosch-KE-Jetronic-Einspritzsystem. Im Gegensatz zu dem bisher verwendeten K-Jetronic-System mit kontinuierlicher Einspritzung und mechanischer Benzinmengenzumessung verfügt das KE-Jetronic-System über eine elektronisch/mechanisch gesteuerte Benzinmengenzumessung.

Das Zündsystem blieb unverändert, wir führten nur ein computergesteuertes Zündprogramm ein, da dies ständig über das optimale Leistungsvermögen, den Benzinverbrauch und letztlich den Schadstoffausstoss entscheidet».

**Verfeinerung der Bauelemente
Vom Boxer zum Testarossa**

Ausgehend von den technischen Einzelheiten waren nur wenige Änderungen nötig, um vom Boxer zum Testarossa zu gelangen, das Hauptaugenmerk musste auf bessere Bremswirkung, einfachere Handhabung und Geräuschdämmung gerichtet werden.

«Wir wollten die Leistung des Wagens einfach erhöhen», fährt Ing. Rossi fort, «und so mussten wir auch die Bremsen verbessern. Wir führten ein völlig neues System mit 30-cm-Scheiben ein, so dass die Bremsen unter allen Gegebenheiten funktionsfähig waren.

Oben: Dieser abschliessende Vorschlag entspricht fast der endgültigen Formgebung, aber es bestehen noch bemerkenswerte Unterschiede. Eine Plexiglasabdeckung bildet die Motorhaube, die seitlichen Rippen fehlen, und die Linien sind stärker gerundet. Diese Merkmale wurden beim massstabgerechten Modell modifiziert.

Links: Das fertige Modell wird in Kunstharz gegossen, um Ferraris Einverständnis zu erhalten und es im Windkanal zu testen. Es gleicht einem richtigen Automobil, aber die Hauben- und Türspälte sind aufgemalt, die Rückspiegel fehlen und die Lufteinlässe für die Klimaanlage müssen noch installiert werden.

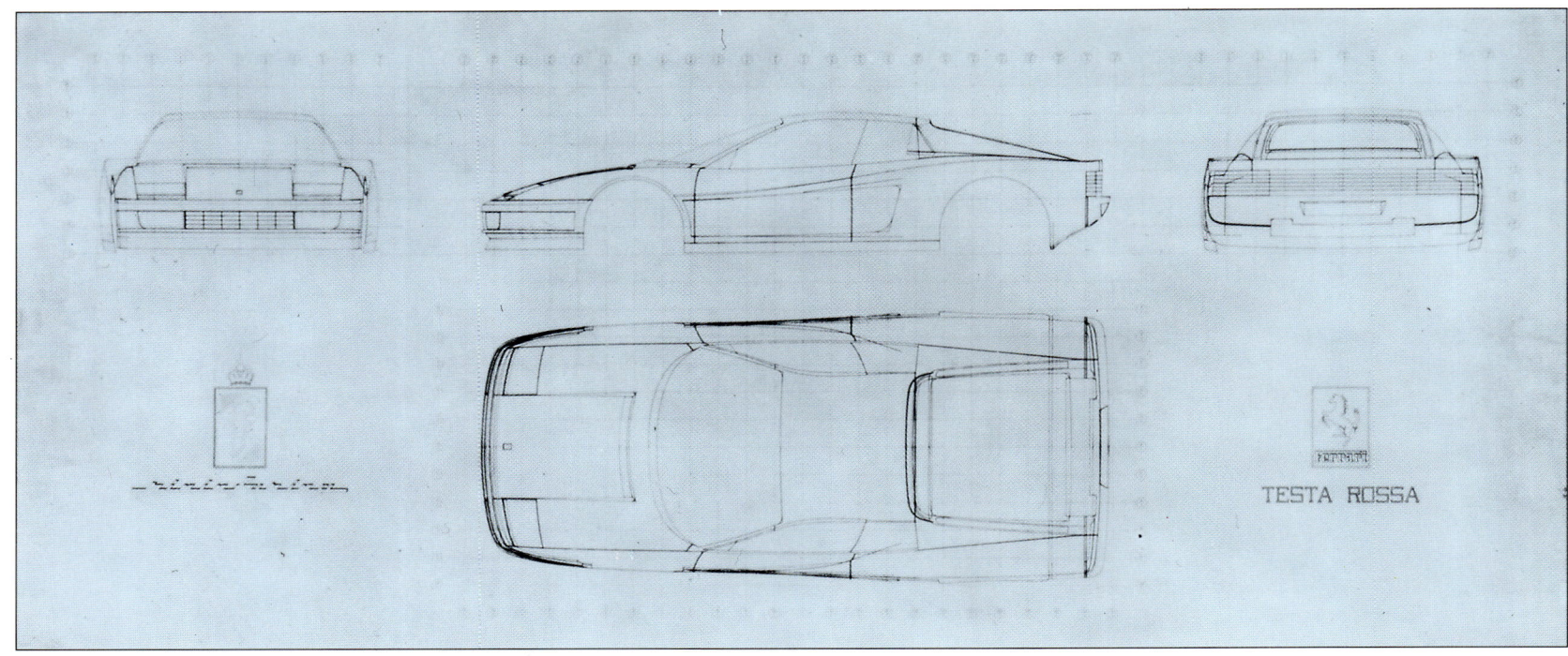

Oben: Ein fertiger Wagen der 1988er Version, aufgenommen vor Fioranos Kontrollzentrum.
Ganz oben: Pininfarinas Blauzeichnung für die Karosserie des Testarossa. Die Draufsicht zeigt deutlich, wie sich die Karosserie bei den Lufteinlässen verbreitert.

Unser weiteres Ziel war es, dieses Topmodell – und hierzu zähle ich nicht die begrenzte Auflage des GTO – zu einem wesentlich leichter beherrschbaren Wagen zu machen. Seine Leistung sollte natürlich viel besser als die des 512 BB sein, dennoch sollte der Kunde diesen Sportwagen leichter bedienen können. Ausserdem sollte er grössere Distanzen zurücklegen, ohne den Fahrer zu ermüden. Dies alles war Teil unseres Konzepts, um dem Testarossa das Gepräge eines echten Gran-Turismo-Wagens zu vermitteln. So versahen wir den Testarossa mit einer Innenausstattung, die höchsten Ansprüchen genügte. Die Lenkung war leichtgängig, das Fahrverhalten ausgezeichnet, aber wir achteten natürlich darauf, dass das sportliche Erscheinungsbild nicht beeinträchtigt wurde. Die meisten Beschwerden über den 512 BB betrafen seine Kupplung – sie war nicht nur schwer bedienbar, sondern auch noch hart. Wir bauten die alte 22-cm-Zweischeiben-Kupplung aus und ersetzten sie durch eine 24-cm-Einheit, und auch die aufzubringende Pedalkraft wurde durch hydraulische Betätigung verringert, so dass sich eine leichtere, stärkere und zuverlässigere Kupplung ergab. Wir arbeiteten auch an den Innenraum- und Auspuffgeräuschen. Viele Mittelmotor-Wagen sind ausgesprochen geräuschvoll, oder sagen wir einmal laut, so dass wir stolz darauf sind, wie leise der Testarossa ist. Aber wir haben auch viel Arbeit auf die Isolation des Motors und die Verringerung der Vibration verwandt. Auch mit dem Chassis hatten wir viel Arbeit, wie auch mit der Karosserie, um das Gesamtgewicht des Wagens zu verringern und gleichzeitig seine Stabilität zu verbessern. Wieder bestimmte der amerikanische Markt unser Ziel, denn der Testarossa hatte die von der Regierung vorgeschriebenen Crashtests für Front-, Heck- und Seitenaufprall zu bestehen.
Bei diesem Konzept eines bequemen und hochleistungsfähigen Wagens stellte sich auch die Frage nach einer guten Klimaanlage. Dies ist in Amerika besonders wichtig, da dort ein Auto ohne Klimaanlage als unvollständig erachtet wird. Wir entwickelten ein System mit zwei Möglichkeiten: Während man die Temperatur und Gebläsegeschwindigkeit normal regulieren kann, kann man für Fahrer und Passagier unterschiedliche klimatische Bedingungen schaffen.»

Fiorano: Ferraris Rennstrecke

Natürlich haben Porsche in Weissach und Alfa Romeo in Balacco Teststrecken, aber nur wenige so kleine Automobilhersteller wie Ferrari können sich diesen Luxus leisten. Die Teststrecke Fiorano liegt so nahe bei den Produktionsstätten von Ferrari, dass man vom Empfangsgebäude aus das Röhren der Grand-Prix-Motoren hören kann, wenn das Rennteam draussen auf der Strecke agiert. Auf der Hauptstrasse von Maranello sieht man die neuen Ferraris dahinrasen, ihr Ziel ist die Teststrecke. Die 2 km lange Fahrt von der Fabrik zur Teststrecke bietet ein besonderes Bild. Man fährt zunächst geradeaus aus dem Hauptportal, die Viale Dino Ferrari entlang, biegt in die Via Gilles Villeneuve ein, und am Ende dieser Schotterstrasse befindet sich ein Hinweisschild: «La Pista di Fiorano». Hier, versteckt hinter Stacheldrahtzäunen, befindet sich die modernste Teststrecke der Welt.

Die über drei Kilometer lange Strecke verläuft in einer Acht, sie wurde 1972 unter Einbeziehung der wichtigsten Erkenntnisse von den grössten Rennstrecken der Welt gebaut. Es gibt zwei Haarnadelkurven (eine rechts, die andere links) wie in Monaco, Monza und Silverstone. Die Strecke verläuft über eine Brücke, verfügt über zwei abfallende Kurven und führt längs eines Bergkammes in Anlehnung an den einstmals grossen Nürburgring.

Die vierzehn Kurven haben verschiedene Radien zwischen 13 und 369 Metern, die kleinste Fahrbahnbreite misst 8,4 Meter. Moderne Formel-1-Ferraris überwinden diese Runde in etwas mehr als einer Minute mit einer durchschnittlichen Geschwindigkeit von mehr als 170 Stundenkilometern. Bei meinen wenigen Runden, die ich in einem von Giorgio Enrico gesteuerten Testarossa erlebte, lag die Rundenzeit etwa 35 Sekunden über diesem Limit, aber ich bekam bei dieser Fahrt trotzdem das richtige Gefühl für diese Strecke.

Was Fiorano so einmalig macht, sind das elektronische Longines/Olivetti-Zeitmess-System und die fest installierten Fernsehkameras. Es sind vierundvierzig Sensoren, Flughafen-Befeuerungen gleich, rund um die Strecke und im Abstand von etwa 45 Metern in den Kurven installiert. Durch die Zeitnahme auf jedem Abschitt der Runde geben sie dem Testfahrer einen Hinweis, welche Änderungen bezüglich der Aufhängung, Bremsen, Übersetzungsverhältnisse und am Motor angezeigt sind. Während sich der Wagen auf der Strecke befindet, wird er vom Messstrahl an jedem dieser Punkte erfasst, und ein Computer im Kontrollraum zeichnet sämtliche gemessenen Daten auf. In jeder Kurve ist eine Videokamera installiert, so dass das Fahrverhalten des Wagens auf einer Reihe von Monitoren im Kontrollraum beobachtet werden kann. Dies ermöglicht den Ingenieuren Rückschlüsse darauf, wie sich die Wagen nahe ihrer Leistungsgrenze verhalten.

Eigentlich war Fiorano seinerzeit nur für die Rennabteilung gebaut worden, aber heute wird sie für die Entwicklung eines jeden neuen Ferraris genutzt. Die bei Testfahrten auf öffentlichen Strassen gewonnenen Erkenntnisse werden durch die Messungen auf der Fiorano-Teststrecke sinnvoll ergänzt.

Testprogramm
Die Suche nach Problemen

Nach Abschluss der umfassenden Arbeit der Versuchs-Abteilung begann 1982 das Testprogramm, wobei zunächst das mechanische System des ersten Prototyps einer genauen Untersuchung unterzogen wurde, um sicherzustellen, dass keine Defekte oder Materialermüdungen aufgetreten waren, die den Testfahrer in Lebensgefahr bringen könnten. Besondere Aufmerksamkeit wurde der Bremswirkung gewidmet, bevor irgendein Wagen die Fabrik nach Fiorano oder auf eine öffentliche Strasse verliess. «Der erste Prototyp konnte während des Sommers auf die Teststrecke gehen», erinnert sich Ingenieur Rossi, «der Sommer ist eine gute Zeit zum Testen, weil mehr Probleme bei heissem Wetter auftreten können. Fiorano stellt an den Wagen harte Bedingungen, so dass wir nach dem ersten Testlauf den Wagen einer gründlichen Kontrolle unterzogen – Aufhängung, Bremsen, Reifen, Motortemperaturen. Wann immer wir auf Probleme stiessen, mussten wir sie natürlich beheben.

Ich erinnere mich, dass unser Hauptproblem darin lag, den Motor an heissen Tagen ausreichend zu kühlen. Wir hatten zwar mit der Möglichkeit dieses Problems gerechnet, da wir die Kühler von der Wagenfront entfernt hatten. Aber dann war die Lösung glücklicherweise recht einfach – wir mussten die zu den Kühlern führenden Öffnungen vergrössern, um einen grösseren Luftfluss zu erzielen. Sodann beschäftigten wir uns mit der Grösse und Gestaltung der Motorhaube, um sicherzugehen, dass die heisse Luft entweichen konnte. Wir benutzten in Fiorano ebenfalls Testausrüstungen, um die g-Kräfte in den Kurven zu messen und die Vibrationen der Karosserie zu analysieren. Nach einiger Arbeit an den Karosserieresonanzen konnten wir Verbesserungen erzielen. Die Verfeinerung des Auspuffsystems nahm viel Zeit in Anspruch. Wir benötigten ein relativ stark dämpfendes Auspuffteil, wollten aber nichts von der Leistung opfern. Wir experimentierten mit vielen Kombinationen hinsichtlich der Länge und der Anordnung des Auspufftraktes, wie auch mit verschiedenen Schalldämpfern, bevor wir mit der Produktion beginnen konnten.» Giorgio Enrico, Chef-Testfahrer, der seit 28 Jahren bei Ferrari arbeitete, war für das Testen der Neuentwicklungen verantwortlich. Enrico passte so gar nicht in das Image eines extravaganten Testfahrers, dennoch wurde er von seinen Kollegen in Maranello hochgeschätzt. Während seiner Zeit bei Ferrari hat er alle Strassenwagenmodelle sowie viele andere Rennwagen getestet, aber er hat sich niemals in den Vordergrund gedrängt: «Ich fahre lieber allein.»

Zu Enricos Aufgaben gehörte ebenfalls, Ferraris Konkurrenzprodukte zu analysieren, und so hat er all die grossen Superwagen der letzten drei Jahrzehnte gefahren. Am meisten bewunderte er den Lamborghini Countach und den Porsche 911 Turbo. Der grösste Teil der Entwicklungsarbeiten erstreckte sich über eine Zeitspanne von zwei Jahren, in denen getarnte Prototypen über die Strassen in der Gegend von Maranello donnerten. Man wählte eine Strecke, die unterschiedlichste Bedingungen bot. Enrico und sein Team fuhren durch den Appennin nach La Spezia an der Ligurischen Küste und zurück nach Maranello auf der Autostrada über Parma und Modena. Enrico brachte es auf rund 50'000 Kilometer auf sechs Prototypen.

Hochgeschwindigkeits-Tests
in Fiorano und Nardo

Neben den zahlreichen durch Tests auf dem Prüfstand erzielten Motorentwicklungen dienten die meisten Strassentests der Verbesserung der Beherrschbarkeit, Strassenlage und Fahreigenschaften. Man änderte die Feder- und Stossdämpfereinstellungen, um die Beherrschbarkeit des Boxers zu übertreffen und die Fahrqualität zu verbessern. Viel Aufmerksamkeit wurde ebenfalls den Bremsen gewidmet. Der erste Testarossa-Prototyp war mit 512-BB-Scheiben ausgestattet, die grössere Bremssättel besassen. Aber schon bald stellte sich heraus, dass grössere Scheiben mit grösseren Kühlluftöffnungen erforderlich waren. Um die Betätigungskraft des Bremspedals zu verringern, wurde ein Bremsservo eingebaut. Ein Antiblockiersystem (ABS) war für den Testarossa nie in Betracht gezogen worden, da Ferrari neuen Technologien anfänglich meist mit Misstrauen begegnete, und dazu gehörte auch das ABS. Viele Leute in Maranello teilten die Auffassung, dass das ABS für einen Wagen wie den Testarossa unmöglich sei, aber kurz darauf wurden zwei andere Modelle – der 412 i und der Mondial – mit Systemen von Bosch beziehungsweise Teves ausgerüstet, um sowohl die Reaktion der Kunden als auch die Verlässlichkeit des Systems zu testen. Als dieses Buch geschrieben wurde, bestätigte Ingenieur Rossi, dass man nun das ABS auch für den Testarossa in Erwägung ziehe – «bei uns kommt ein Schritt nach dem anderen.» Die Klimaanlage erforderte zahlreiche Testversuche, um sicherzustellen, dass sie sowohl im Stadtverkehr als auch bei hohen Geschwindigkeiten einwandfrei arbeitete. Entscheidend war bei diesem Kompromiss die richtige Dimension und Lage des Lufteinlasses in dem schwarz glänzenden Spoiler unter der vorderen Stossstange. Rossi gestand, dass seine Mannen zögerten, das glatte Frontprofil durch eine Einlassöffnung zu verunstalten – ausgerechnet bei einem Sportwagen! –, aber für die Klimaanlage war dies der einzige Platz, der geeignet erschien. Beim Betrachten der Fotografien des Kunststoff-Modells von Pininfarina erkennt man, dass dort ursprünglich keine Öffnungen vorgesehen waren. In Nardo, auf einer

Das Kunstharzmodell des Testarossa, unten, und der Produktionswagen, rechts, im Windkanal. Indem die Maskierungsstreifen stufenweise abgeschält wurden, war es möglich, den aerodynamischen Effekt jedes Lufteinlasses zu messen. Weitere Tests bestätigten die Stabilität des Wagens.

Teststrecke nahe der Küste von Brindisi in Süditalien, führte man die Hochgeschwindigkeitsversuche durch. Viele Automobilhersteller gehen nach Nardo, da es hier vorteilhafterweise eine 13,5 km lange ovale Rundstrecke hat. In ihren leicht überhöhten Kurven kann gefahrlos mit 290 km/h gefahren werden. Kürzere Teststrecken, wie MIRA oder Millbrook in England, besitzen nicht diese ausgebauten Kurven, so dass Geschwindigkeiten über 225 km/h im wahrsten Sinne des Wortes atemberaubend sind.

Obgleich Pininfarinas Versuche im Windkanal die aerodynamischen Qualitäten des Testarossa bewiesen hatten, arbeiteten Ferraris Ingenieure hart an verschiedenen verfeinerten Frontspoilern und an der Heckpartie, um einen akzeptablen Kompromiss zwischen Höchstgeschwindigkeit und Stabilität zu erreichen. Die leicht aufgerichtete Lippe am Heck des endgültigen Wagens unterscheidet sich von dem flachen Profil des ursprünglichen massstabgerechten Modells. Aber auch kleine Details erforderten Beachtung, beispielsweise die Scheibenwischer. Viele Superwagen kleinerer Herstellerfirmen zeigten hier Mängel, beispielsweise Scheibenwischer, die sich bei hohen Geschwindigkeiten von der Frontscheibe abhoben. Ferrari wählte Regentage in Nardo, um sicherzustellen, dass die Scheibenwischer des Testarossa (der Boxer hatte nur einen Scheibenwischer) bei allen Geschwindigkeiten einwandfrei funktionierten.

Vom Meer her aufkommende Winde störten oft die Hochgeschwindigkeitsläufe, aber schliesslich wurden doch Spitzengeschwindigkeiten von 295 km/h erreicht, nachdem die Karosserie weiteren Verbesserungen unterzogen worden war. Die offizielle Spitzengeschwindigkeit wurde mit 290 km/h angegeben.

Am Ende des Entwicklungsprogramms fand der Crashtest für die Typenzulassung statt. Alle Wagen, die die vielen Testkilometer hinter sich gebracht hatten, sowie auch zwei relativ neue Prototypen wurden zwischen Betonbarrieren zusammengedrückt, um seitlichen Aufprall zu simulieren. Diejenigen, die diesem Schicksal entgingen, wurden ebenfalls zerstört, um sie unverkäuflich zu machen. Nur drei Wagen wurden von der Versuchs-Abteilung für weitere Entwicklungen aufbewahrt. Die Demolierung von Prototypen gehört bei Ferrari zum Alltag. Während andere Hersteller ihre Prototypen meist behalten, besteht in Maranello eine gewisse Gleichgültigkeit, sie der Nachwelt zu bewahren. Nur gelegentlich verkauft Ferrari einen Prototyp, wenn er qualitätsmässig dem Produktionsstandard entspricht.

Weiterentwicklung
Seit 1984 fanden nur wenig Modifikationen statt

Es ist ein gutes Zeichen für den Erfolg des ursprünglichen Designs des Testarossa, dass seit Beginn seiner Produktion und seiner ersten Vorstellung auf dem Pariser Autosalon nur wenige Änderungen vorgenommen wurden. Maranello-Leute sagten, dass seit dem Daytona kein anderer Wagen von Ferrari mit soviel Beifall vom Publikum aufgenommen wurde. Das Absenken des Rückspiegels auf der Fahrerseite in eine ästhetisch anmutende Lage und das Anbringen eines gleichen Spiegels auf der Beifahrerseite waren die einzigen äusserlichen Veränderungen seit 1984. Dieser Rückspiegel auf der Fahrerseite war einer der kontroversen ästhetischen Aspekte des Testarossa, als er der Öffentlichkeit vorgestellt wurde. Ingenieur Rossi erklärt, dass auch Ferrari damit nicht glücklich war, aber es gab keine Alternative. «Damals verlangten die Bestimmungen der Europäischen Gemeinschaft, dass Aussenspiegel eine 100%ige Sicht nach hinten sicherstellen. Bei den breiten hinteren Kotflügeln des Testarossa war es nur möglich, diesen Forderungen durch Anbringen des Spiegels in relativ hoher Lage zu entsprechen. Wir sahen nur einen Spiegel vor, da ein weiterer auf der Beifahrerseite in der Sichtlinie des Fahrers gelegen hätte, mit anderen Worten: ein unmöglicher Platz. 1985 wurden die Bestimmungen dahingehend geändert, dass ein Teil der Sicht durch die Karosserie verdeckt sein kann, und so konnten wir die Spiegel etwas niedriger anbringen.»

Sehen Sie sich den heutigen Testarossa genau an, und Sie werden bemerken, dass er fünf Befestigungsbolzen für die Leichtmetallfelgen hat, während die Modelle vor 1988 eine einzige, achteckige zentrale Radmutter besassen. Diese Änderung erfolgte aus praktischen Überlegungen. Bei dem älteren Modell war es für den Besitzer schwierig, das Rad zu wechseln, trotz des Werkzeugs, zu dem ein Bleihammer gehörte, mit dem man die Nabenmutter lösen konnte. Aber sobald der Schaden behoben war, musste der Besitzer zum Händler zurückkehren, um das Rad mit einem Drehmoment-Schraubenschlüssel mit 45 mkg fest anziehen zu lassen.

Obgleich die Geometrie der Aufhängung nicht verändert wurde, so doch die Herstellungsmethode für die Aufhängungsbauteile. Während der Testarossa ursprünglich mit röhrenförmigen Querlenkern ausgestattet worden war, wurden diese Teile ab Ende 1987 aus gepressten oberen und unteren Stahlhälften gebaut, die miteinander verschweisst wurden.

Andererseits wurden nur Änderungen im nicht sichtbaren Bereich vorgenommen, wenn Teile den rigorosen Qualitätskontrollen von Ferrari nicht widerstanden. Immer arbeiteten Ferrari und Pininfarina eng zusammen, um die Qualität des Testarossa auf den höchsten Stand zu bringen. Ein ungeheurer Fortschritt ist zweifelsfrei in den letzten Jahren eingetreten. Alle in die Entwürfe der Modelle investierte Arbeit wäre sinnlos, wenn die Wagen nicht über Jahre halten würden.

Technische Details

**Bewundernswerte Technik, kompromisslose Zweckerfüllung
Eine nähere Betrachtung eines der reizvollsten Autos der Welt**

Nur wenige Superwagen verfügen über so beeindruckende technische Daten wie der Testarossa. Wenn er auch nicht zur technologischen Avantgarde gehört wie beispielsweise der Porsche 959 und einige wenige deutsche und japanische Produkte, ist er doch von bewundernswerter Qualität und erfüllt seinen Zweck. Dies allein macht ihn zu einem der begehrenswertesten Wagen auf der Welt.

Die Fachwelt hat den Testarossa kritisiert, er entspräche nicht dem letzten Stand der Technik, Vierradantrieb und Antiblockiersystem würden fehlen, aber die Geschichte Ferraris war stets durch eine kontinuierliche Weiterentwicklung und nicht durch eine dramatische Abkehr vom Üblichen gekennzeichnet. Durch die sorgfältige Weiterentwicklung des Boxers ist Ferrari seiner Tradition treu geblieben, und so ist doch der Testarossa – wenn auch konventionell – von der technischen Leistung her ein Meisterstück. Was hält den Testarossa in Schwung?

Der Motor

Der Testarossa verfügt über einen der besten Motoren, den die Welt je gesehen hat – einen flachen 12-Zylindermotor mit vier Ventilen aus einer Aluminiumlegierung (Typenbezeichnung F113A), der längs hinter dem Fahrgastraum aufgehängt ist. Im Vergleich zu der Zweiventil-Einheit im Boxer wurde das Gewicht um 20 Kilogramm verringert. Die grössere Bohrung von 82 mm und ein Hub von 75 mm ergeben einen Hubraum von 4'942 cm^3, das Verdichtungsverhältnis beträgt 9,3:1. Die Leistungsspitze liegt bei 390 PS bei 6'300 U/min, das maximale Drehmoment beträgt 50 mkg bei 4'500 U/min. Verglichen mit dem 512 BBi liegen diese Werte um 50 PS und 4 mkg höher. Ausgedrückt als spezifische Literleistung stehen 78,9 PS pro Liter beim Testarossa 68,8 PS pro Liter beim 512 BBi gegenüber. Die graphische Darstellung auf Seite 38 zeigt die sanfte Beschleunigung des flachen 12-Zylinders – 193 PS werden bei 3'000 U/min, 276 PS bei 4'000 U/min und 358 PS bei 5'000 U/min erreicht.

Das Kurbelgehäuse, der Zylinderblock und die Zylinderköpfe sind in Aluminium-Silizium-Legierung (Silumin) gegossen, ein glänzendes Metall, das geringes Gewicht und grösste Festigkeit vereint und ausserdem dem Motor ein selten schönes Aussehen verleiht. Die Zylinderbüchsen sind aus Aluminium gefertigt, wobei die Laufflächen mit Nickel und Silizium (Nicasil) beschichtet werden, um die Lebensdauer zu erhöhen.

Die Kurbelwelle, von Ferrari traditionell aus einem einzigen Block gehärteten und getemperten Stahls hergestellt, deren Flächen der besseren Härte wegen nitriert werden, ist ein besonders schönes Stück. Die Pleuel werden paarweise am gleichen Kurbelwellenzapfen befestigt und in dünnwandigen Gleitlagern geführt. Die Kolben werden von der Firma Mahle aus Aluminium gefertigt und sind mit zwei Kompressionsringen und einem Ölabstreifring versehen. Die Zündreihenfolge ist 1/9/5/12/3/8/6/10/2/7/4/11. Die beiden Zylinderköpfe bestehen ebenfalls aus Silumin

Zylinderanordnung

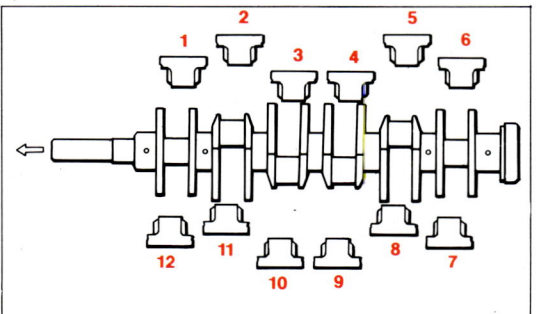

und weisen jeweils sechs domförmige Brennräume auf. Es liegen zwei Auslass- und zwei Einlassstahlventile pro Zylinder vor, denen mittig eine 12-mm-Zündkerze Champion A6G zugeordnet ist. Die Ventilsitze sind aus Gusseisen und die Ventilführungen aus Bronze gefertigt. Die Einlassventile liegen in einem Winkel von 20° zur Zylinderachse und die Auslassventile im Winkel von 21°. Die Ventilsteuerzeiten lauten: Einlass öffnet 13° vOT und schliesst 51° nUT, Auslass öffnet 54° vUT und schliesst 10° nOT. Unter den mit rotem Schrumpflack lackierten Ventildeckeln liegen die vier obenliegenden Nockenwellen – eine Einlass- und eine Auslassnockenwelle pro Zylinderkopf – aus nitriertem Stahl. Diese betätigen die Ventile durch Tassenstössel, die Stahlventilfedern betätigen. Das erforderliche Ventilspiel beträgt 0,20–0,25 mm für die Einlass- und 0,35–0,40 mm für die Auslassventile, das richtige Spiel ergibt sich durch den Austausch der Ausgleichsscheiben in den Stösseln. Die von Ferrari benutzten Ausgleichsscheiben variieren in ihrer Stärke von 3,25 mm bis 4,60 mm und haben gehärtete Oberflächen. (Diese Ausgleichsscheiben liegen jeweils in Stufen von 0,05 mm vor). Im Gegensatz zu Ferraris früheren V12-Motoren werden die Nockenwellen über zwei Zahnriemen (Goodyear Supertorque PD) von der Kurbelwelle angetrieben. Die Riemenspannung wird durch ein Spannrad auf jeder Seite gewährleistet. Die Schmierung erfolgt über ein Trockensumpfsystem mit zwei Pumpen, die, von vorne gesehen, von der Einlassnockenwelle auf der linken Seite angetrieben werden. Die Spülpumpe zieht heisses Öl aus der Ölwanne ab und führt es zunächst durch den Ölkühler (dem zwei elektrische Gebläse zugeordnet sind) und sodann in den Öltank. Eine Druckpumpe führt das Öl zurück aus dem Tank und durch ein Filter zur Schmierung der beweglichen Teile. Das gesamte Ölvolumen beläuft sich auf 15,5 Liter, und der Öldruck wird bei 4,48 bar im Leerlauf und zwischen 5 und 5,95 bar bei 6'000 U/min gehalten. Auch eine Kurbelgehäuseentlüftung ist vorhanden. Die Öldämpfe aus den Zylinderköpfen werden, nachdem sie kondensiert sind, über den Öltank dem Schmiersystem zurückgeführt. Die Dämpfe aus dem Kurbelgehäuse werden via Ansaugsystem in den Brennräumen verbrannt.

Seitliche Kühler
Eine Neuheit beim Testarossa

Zwei grosse Horizontal-Wasserkühler vom Typ Puma-Chausson liegen hinter den seitlichen Lufteinlässen des Wagens. Jeder Kühler ist mit einem elektrischen Gebläse ausgestattet: ein Thermoschalter schaltet die Gebläse ein, wenn die Kühltemperatur 84° C übersteigt, und schaltet sie bei einer Temperatur von 75° C wieder aus. Die Zentrifugalpumpe des geschlossenen Kühlsystems wird über eine Kette von der Kurbelwelle angetrieben. Das System besitzt ein Expansionsgefäss mit einem Überdruckventil, um Volumenveränderungen des Kühlmittels beim Erwärmen zu kompensieren. Das Wasser/Frostschutz-Gemisch steht unter einem Druck von 0,9 bar.

Ein elektronisches System des Typs MED 120B – Magneti Marelli Microplex – steuert die Zündung durch Veränderung des Zündzeitpunktes in Abhängigkeit von Motordrehzahl, Ansaugrohrdruck und Drosselklappenstellung. Am hinteren Ende jeder Einlass-Nockenwelle ist je ein Zündverteiler und eine Hochleistungszündspule angebracht. Ein Diagnosestecker an der linken Motorseite, nahe des Zündsteuergerätes, hilft Fehler in der Zündanlage aufzuspüren sowie die Zündverstellkurve auszumessen. Ein Alternator der Marke Delco befindet sich vorn auf der rechten Seite des Einlasstraktes und wird über einen Keilriemen von der Kurbelwelle angetrieben. Der Anlasser von Bosch liegt neben dem Kurbelgehäuse. Je ein Bosch-KE-Jetro-

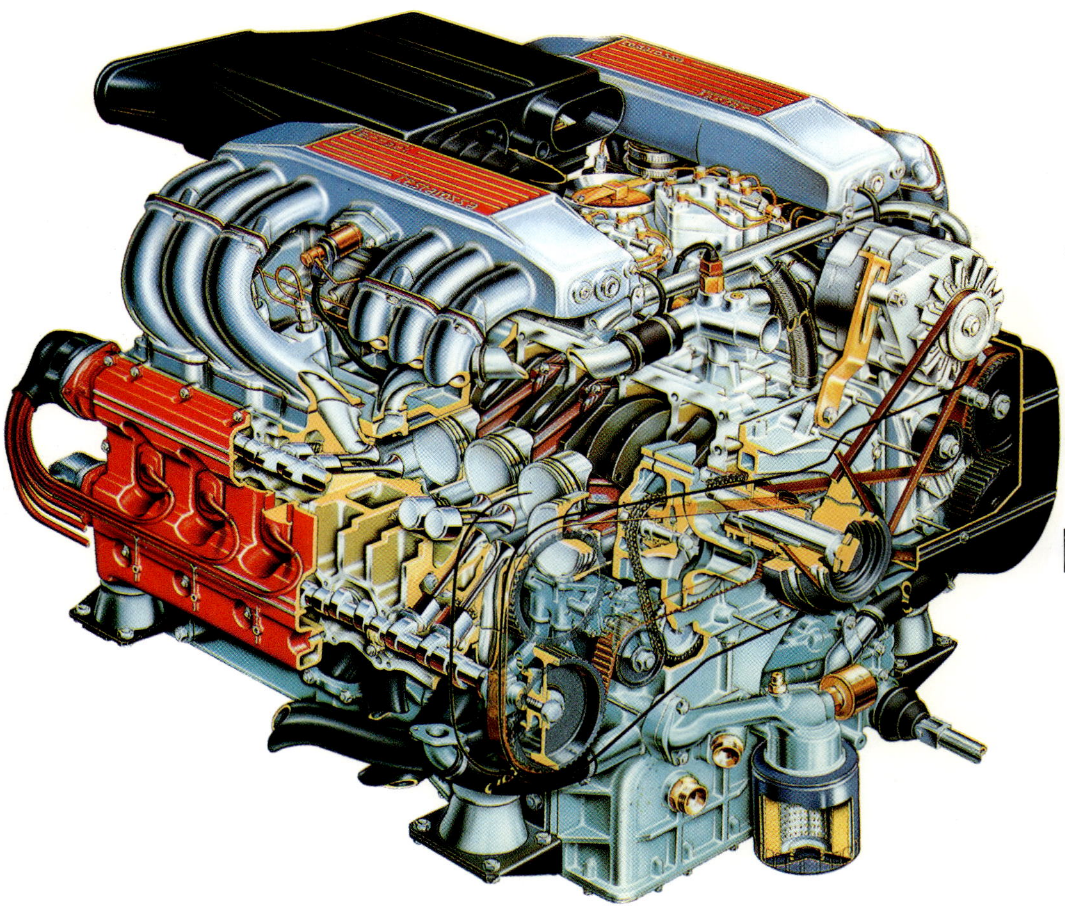

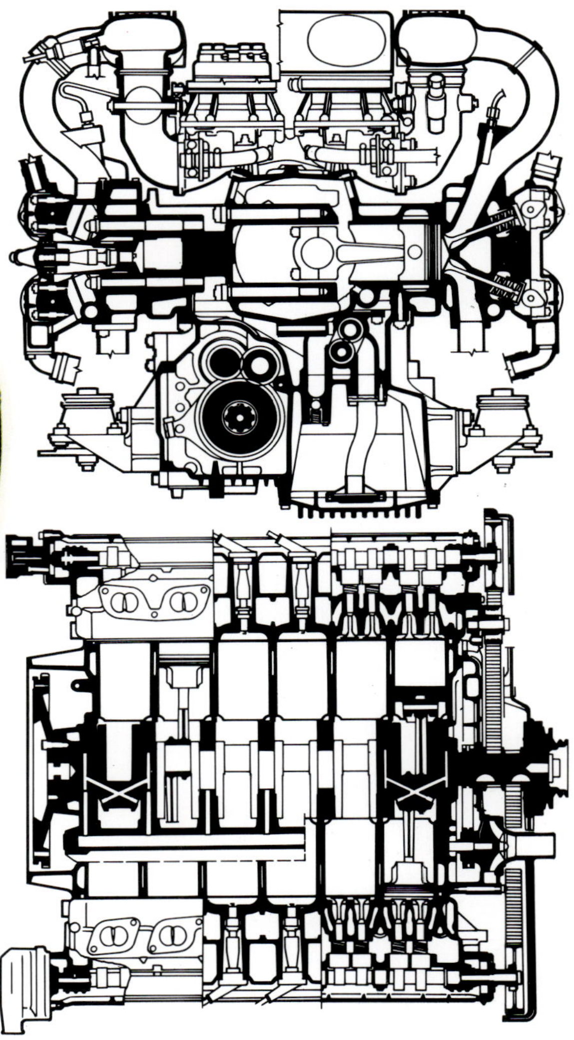

Der flache 12-Zylinder-Motor ist leicht, äusserst kraftvoll und von modernster Bauart. Im Motorgehäuse aus Silumin-Legierung befinden sich für jede Zylinderreihe zwei obenliegende Nockenwellen, welche für jeden Zylinder vier Ventile betätigen. Die Pleuel/Kolbeneinheiten der sich gegenüberliegenden Zylinder sind am gleichen Kurbelwellenzapfen befestigt.

Benzineinspritzsystem

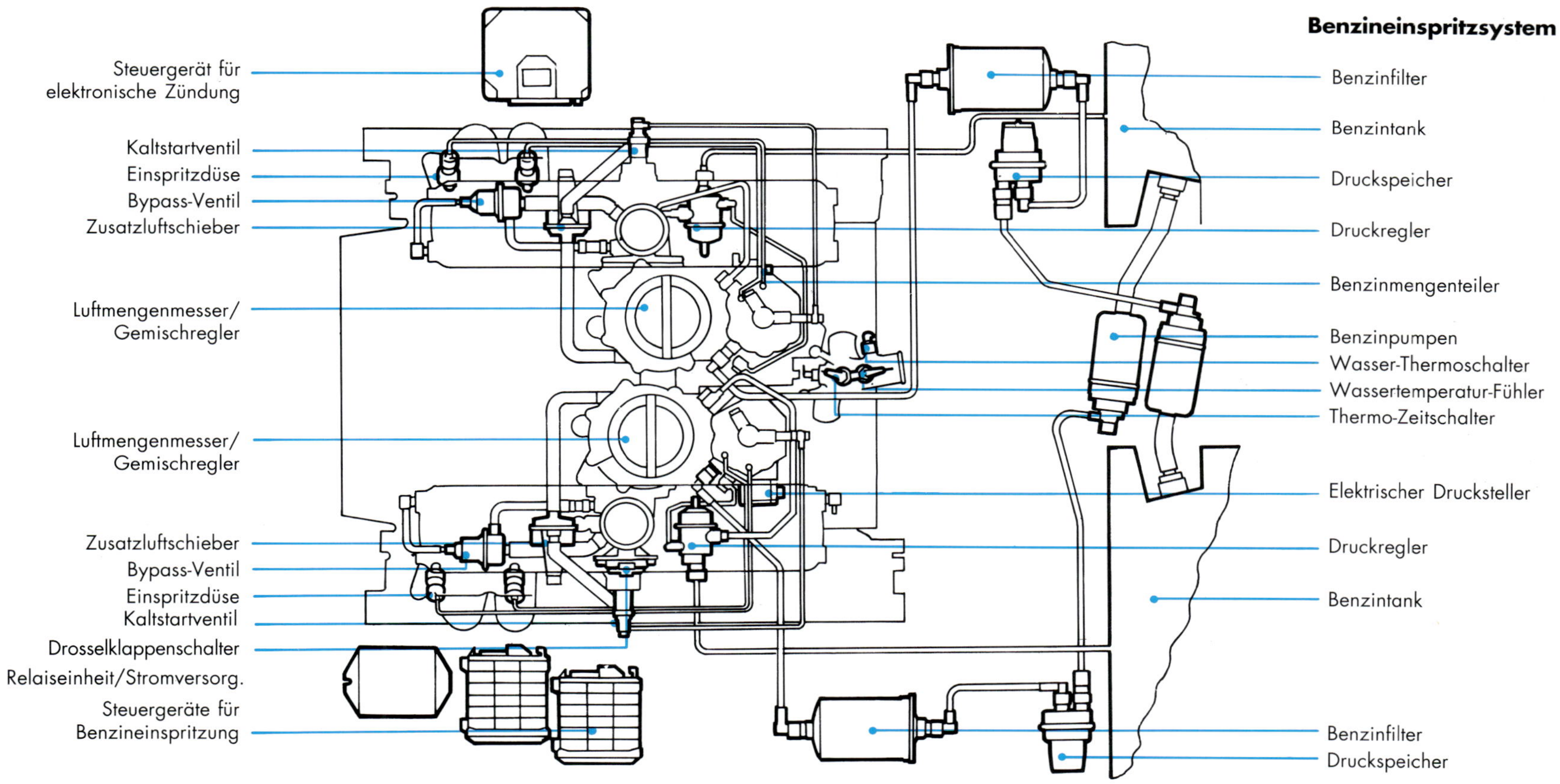
Steuergerät für elektronische Zündung
Kaltstartventil
Einspritzdüse
Bypass-Ventil
Zusatzluftschieber
Luftmengenmesser/Gemischregler
Luftmengenmesser/Gemischregler
Zusatzluftschieber
Bypass-Ventil
Einspritzdüse
Kaltstartventil
Drosselklappenschalter
Relaiseinheit/Stromversorg.
Steuergeräte für Benzineinspritzung
Benzinfilter
Benzintank
Druckspeicher
Druckregler
Benzinmengenteiler
Benzinpumpen
Wasser-Thermoschalter
Wassertemperatur-Fühler
Thermo-Zeitschalter
Elektrischer Drucksteller
Druckregler
Benzintank
Benzinfilter
Druckspeicher

nic-Einspritzsystem pro Zylinderreihe sorgt für die Gemischaufbereitung. Das Benzin wird aus den zwei Tanks, die sich zur besseren Gewichts- und Raumverteilung auf der ganzen Fahrzeugbreite zwischen Motor und Cockpitrückwand befinden, durch zwei elektrische Pumpen, ebenfalls von der Firma Bosch, angesaugt. Das Gesamtfassungsvermögen der Tanks beträgt 115 Liter plus 18 Liter Reserve. Jedes System verfügt über einen Benzindruckspeicher, und das Benzin fliesst durch Nylon/Papier-Filter zu zwei Gemischreglern, die über dem Kurbelgehäuse liegen. Zwölf Einspritzdüsen liefern einen feinen Benzinnebel in Abhängigkeit von Motorlast und -drehzahl in den Ansaugtrakt. Zwei elektromagnetische Einspritzdüsen reichern das Gemisch beim Kaltstart an, und je ein Zusatzluftschieber pro Zylinderreihe sorgt für den während des Warmlaufvorgangs erhöhten Kraftstoff/Luftgemisch-Bedarf. Das Auspuffsystem ist mit zwei Stahlschalldämpfern und zwei kleineren aus rostfreiem Stahl ausgestattet.

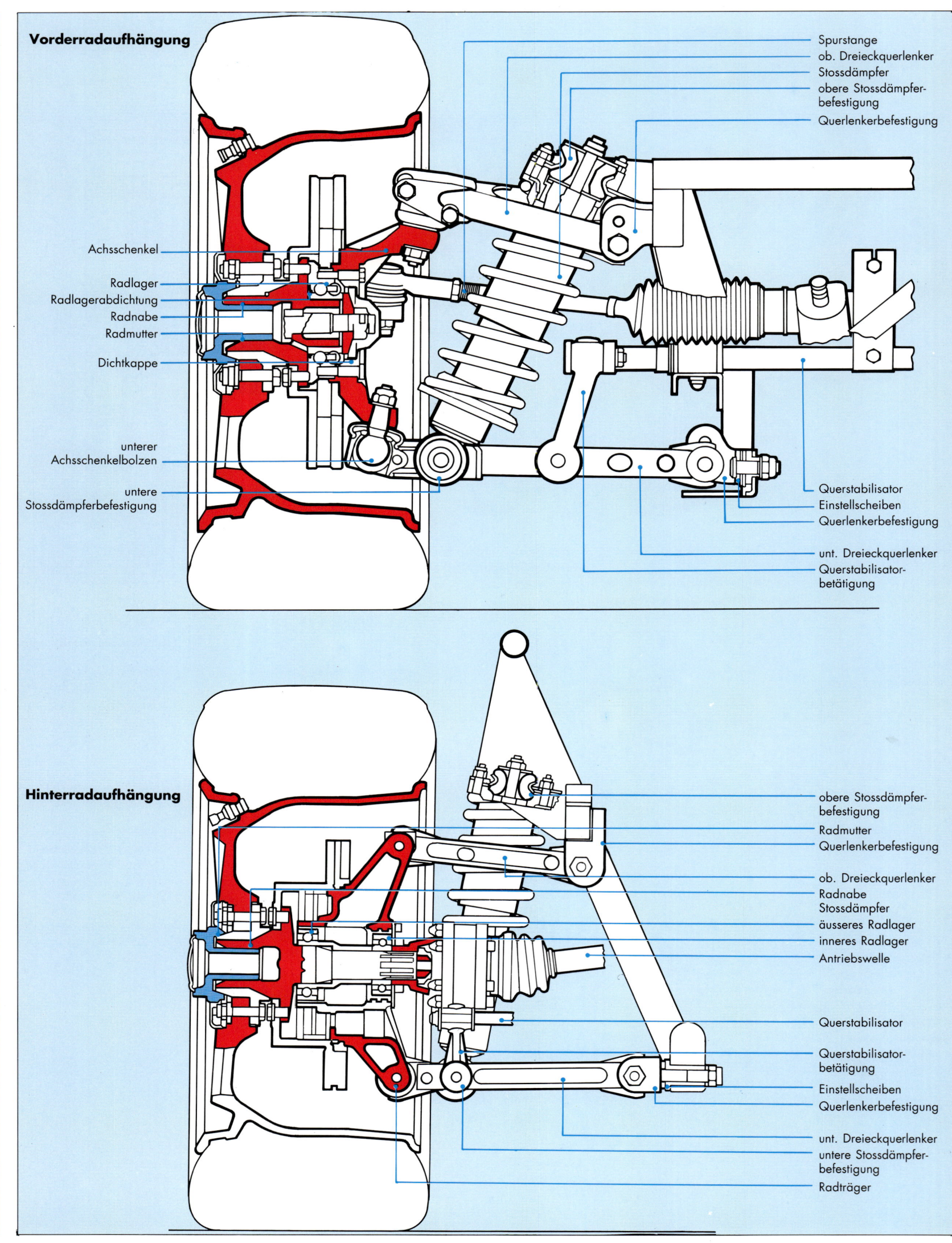

Kraftübertragung
Kompakte Anordnung

Beim Testarossa bildet das Fünfgang-Getriebe unter dem Motor eine Einheit mit dem ZF-Sperrdifferential. Die gesamte Einheit befindet sich in einem einzigen Silumingehäuse, das fast genau so lang wie der Motor ist. Der Antrieb erfolgt direkt von der Kurbelwelle über ein Schwungrad zu einer 242-mm-Doppelscheiben-Trockenkupplung der Firma Borg & Beck. Diese besteht aus Mitnehmerscheiben, welche von einer Druckplatte beaufschlagt werden. Die Kupplung wird hydraulisch betätigt und stellt sich selbständig nach. Von der Kupplung übertragen Zahnräder die Kraft nach unten zu einer Hauptwelle, die über das Differential zu dem Zahnradblock vorne im Gehäuse verläuft. Dies bedeutet natürlich, dass das Getriebe vor den Achsantriebswellen liegt und die Kupplung und das Schwungrad dahinter. Zum Schalthebel verläuft ein Gestänge.

Dieses kompakte Kraftübertragungssystem ist mit dem Nachteil verbunden, dass die Motormasse im Wagen ziemlich hoch liegt. Die Kurbelwelle befindet sich nahezu 60 cm über dem Boden. Als Alternative hätte sich eine Einheit angeboten, bei der das Getriebe und Differential hinter dem Motor liegen, wie beim GTO. Aber die Länge einer derartigen Anordnung wäre zu Lasten des Fahrgastraums gegangen, was bei einem Gran-Turismo-Wagen nicht sinnvoll ist.

Alle fünf Gänge mit den Übersetzungsverhältnissen 3,139, 2,014, 1,526, 1,167 und 0,875:1 sind synchronisiert. Der Rückwärtsgang hat ein Übersetzungsverhältnis von 2,532:1. Hierdurch werden Geschwindigkeiten bei 1'000 U/min von 11,9, 18,5, 24,5, 31,9 und 42,6 km/h erreicht. Die Kraft wird durch einteilige Antriebswellen auf die Hinterräder übertragen; jede Welle weist an jedem Ende ein Gleichlaufgelenk auf, das durch Gummikappen geschützt ist. Für die gesamte Getriebe/Differential-Einheit sind 9,5 Liter Öl erforderlich. Eine separate Ölumwälzpumpe am vorderen Gehäuseende wird durch die Eingangswelle betrieben.

Aufhängung

Die Einzelradaufhängung des Testarossa ist robust genug, um die in Kurven auftretenden hohen Kräfte aufzufangen. Vorne befindet sich ein Paar röhrenförmiger Dreieckquerlenker aus Stahl, die mit ihren auseinanderliegenden Enden am Chassis montiert sind. Der obere Querlenker verjüngt sich zu einem einzigen Befestigungspunkt am oberen Ende eines aus gegossener Leichtmetall-Legierung bestehenden Trägers und erstreckt sich abwärts geneigt nach innen, wobei der vordere Befestigungspunkt höher als der hintere liegt, um zu verhindern, dass der Wagen beim Bremsen vorne eintaucht. Der untere Querlenker ist grösser, seine beiden Arme sind durch zwei dünne Verstärkungsrohre über Kreuz miteinander verbunden. Eine Schraubenfeder umschliesst einen Teleskop-Stossdämpfer Koni 82 P 2279 und verbindet das untere Ende des Trägers mit einer Stelle auf dem Chassis zwischen den Armen des oberen Querlenkers. Der Querstabilisator ist durch eine kurze Verbindungsstange mit dem hinteren Arm des unteren Querlenkers verbunden. Der Lenkrollradius ist minim, um das Lenkverhalten und die Bremsstabilität zu optimieren. Die Hinterradaufhängung ist ähnlich konzipiert, aber stärker, um das hohe Gewicht im Heck des Testarossa aufzufangen – die Front/Heck-Gewichtsverteilung ist 41,3%/58,7%. Das bemerkenswerteste und ungewöhnlichste Merkmal ist, dass auf beiden Seiten zwei senkrechte Schraubenfedern und Teleskop-Stossdämpfer Koni 82P 2142 von den Armen des unteren Querlenkers nach oben verlaufen und an einem breiten Längsträger am Chassis befestigt sind. Diese doppelten Feder/Dämpfer-Einheiten wurden vom Boxer übernommen und ergeben verlässliche Dämpfungseigenschaften. Stossdämpfer können während schneller Kurvenfahrten oder auf unebenen Strassenflächen stark belastet werden, so dass sich das Öl erhitzt und die Viskosität verlorengeht. Wenn zwei Stossdämpfer die Belastung aufnehmen, widerstehen sie einer Überhitzung besser und geben zudem den unteren Querlenkern eine bessere Stabilität. Die Querlenker wurden anfänglich aus Stahlrohr gefertigt, später aus verschweissten gepressten Stahlprofilen. Um die Stabilität zu erhöhen, haben sie zwei Befestigungspunkte an den Radträgern – die vorderen Querlenker nur einen. Ein Querstabilisator ist mit dem unteren Querlenker über eine kurze Verbindungsstange verbunden, die am gleichen Punkt wie die hintere Feder/Dämpfer-Einheit befestigt ist. Die Querlenker sind am Chassis mit Gummibuchsen verankert, die wartungsfrei sind. Die Stossdämpfer haben oben einen Gummipuffer, um ein Durchschlagen der Aufhängung nach oben zu vermeiden, und unten innere Gummipuffer, die als Pralldämpfer wirken. Die Radnaben haben vorne und hinten doppelreihige Kugellager.

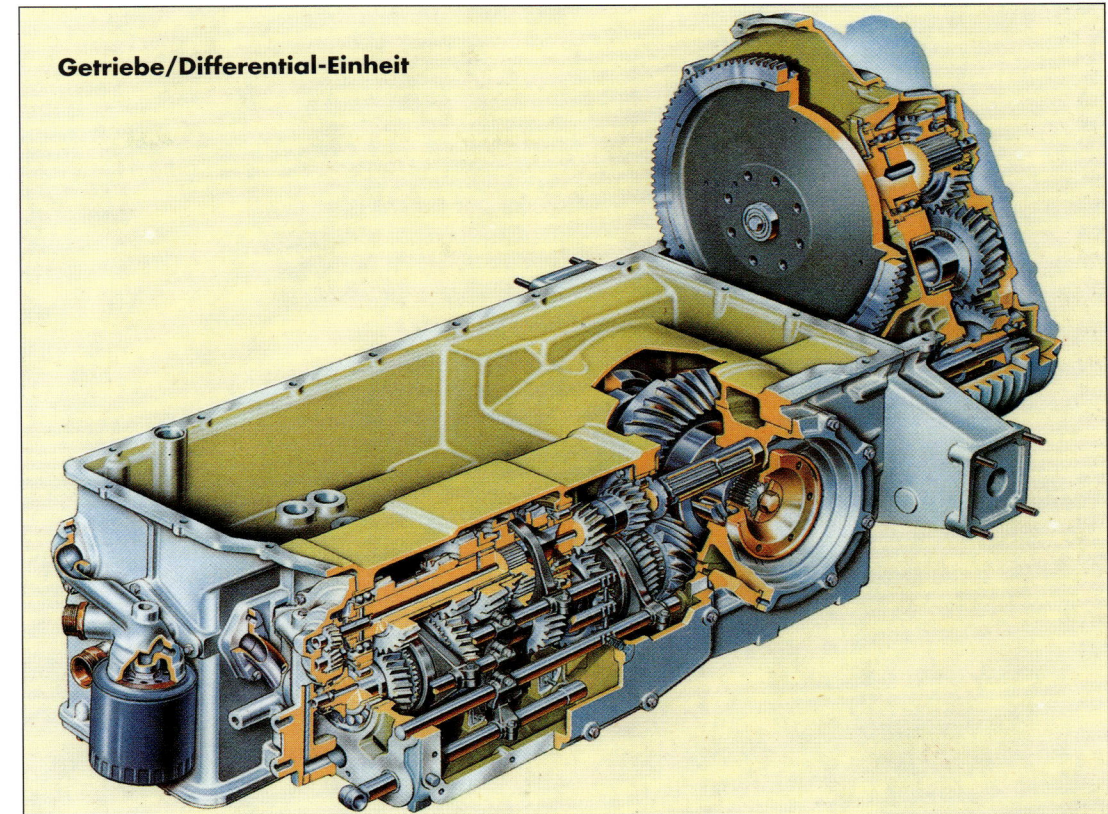

Getriebe/Differential-Einheit

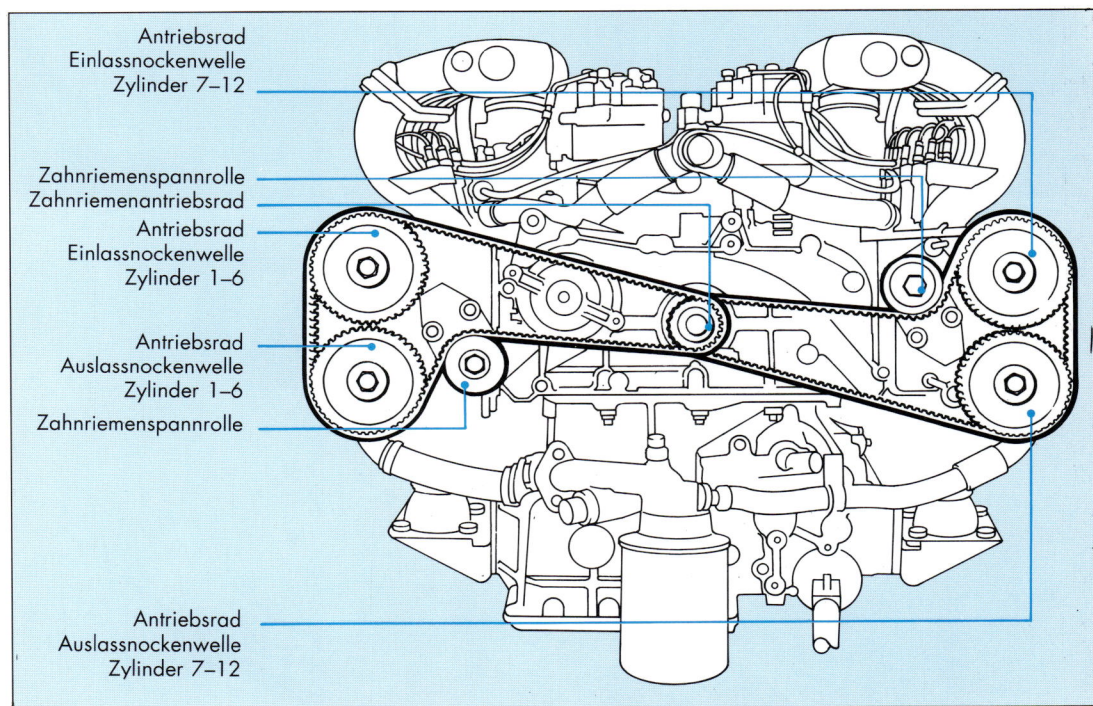

Antriebsrad Einlassnockenwelle Zylinder 7–12
Zahnriemenspannrolle
Zahnriemenantriebsrad
Antriebsrad Einlassnockenwelle Zylinder 1–6
Antriebsrad Auslassnockenwelle Zylinder 1–6
Zahnriemenspannrolle
Antriebsrad Auslassnockenwelle Zylinder 7–12

Bremssystem und Hinterradaufhängung

Oben: Da Motor, Getriebe und Kühlsystem hinter dem Cockpit angeordnet sind, trägt der Testarossa 58,7% seines Gewichts mit den Hinterrädern. Die Hinterradaufhängung ist deshalb ungewöhnlich robust konstruiert. Je zwei Schraubenfeder-/Teleskopstossdämpfer-Einheiten von Koni fangen die Kräfte gemeinsam auf. Diese Stossdämpfer werden auch mit den schwierigsten Bedingungen fertig. Die Hinterradaufhängung ist wie die Vorderradaufhängung mit den traditionellen, rennerprobten doppelten Dreieckquerlenkern ausgerüstet, die mit gekreuzten Diagonalstreben verstärkt sind. Der Querstabilisator ist über eine kurze Verbindungsstange mit dem hinteren Arm des unteren Querlenkers verbunden. Die Antriebswellen sind einteilig und haben Gleichlaufgelenke. Nur wenige Serienmodelle haben so leistungsstarke Bremsen. Vorne und hinten wirken Vierkolben-Bremssättel auf belüftete 310-mm-Scheiben.

Felgen und Reifen

Die Speedline-Leichtmetall-Felgen mit fünf Speichen haben zwei unterschiedliche Grössen. Die hinteren 10J x 16"-Felgen tragen Michelin-MXV-255/50-VR-16-Reifen, während die vorderen 8J x 16"-Felgen mit 225/50-VR-16-Reifen bestückt sind. Bei einigen Wagen werden Goodyear-NCT-Eagle-Reifen verwendet. Der normale Reifendruck beträgt vorne 2,4 bar, hinten 2,5 bar. Ferrari empfiehlt eine Druckerhöhung auf 2,8 bar für Geschwindigkeiten von mehr als 260 km/h. Im Kofferraum befindet sich ein Notrad 115/85 R 18 mit einem Reifendruck von 4,2 bar. Dieses ist nur bis zu 80 km/h geeignet. Bis Ende 1987 waren die Leichtmetallräder mit einer einzigen achtkantigen Nabenmutter befestigt. Oft hatte der Fahrer trotz Schraubenschlüssel und Hammer nicht die Kraft, sie zu lösen. Heute wird der Testarossa mit fünf herkömmlichen Radmuttern ausgestattet.

Lenkung

Die Lenkung ist eine übliche Zahnstangenlenkung. Die Lenksäule mit zwei Kardangelenken ist absenkbar. Von der Zahnstange führen die Spurstangen über Kugelgelenke mit Dauerschmierung zu den Radträgern. Das Spiel wird automatisch eingestellt. Von Anschlag zu Anschlag sind 3,45 Lenkradumdrehungen nötig. Der Wendekreis misst 12 m. Da der Testarossa vorne sehr leicht ist, erübrigt sich eine Servolenkung. Nach Betätigen eines Hebels kann das Lenkrad in der Höhe verstellt werden.

Bremsen

Nur wenige Automobile haben ein so kräftiges Bremssystem wie der Testarossa mit seinen vier massiven 310-mm-Scheiben aus Molybdän-Gusseisen, die sich in den Felgenschüsseln befinden und durch radiale Innenflügel belüftet werden. Die Vierkolben-Bremssättel sind mit Galfer-1725-FF-Bremsklötzen ausgerüstet. Das hydraulische System hat einen Benditalia-Bremskraftverstärker und getrennte Bremskreise für die Vorder- und Hinterräder. Ein Regelventil verhindert das Blockieren der Hinterräder. Die Handbremse wirkt über einen Kabelzug auf zwei kleine Trommelbremsen in den hinteren Scheiben.

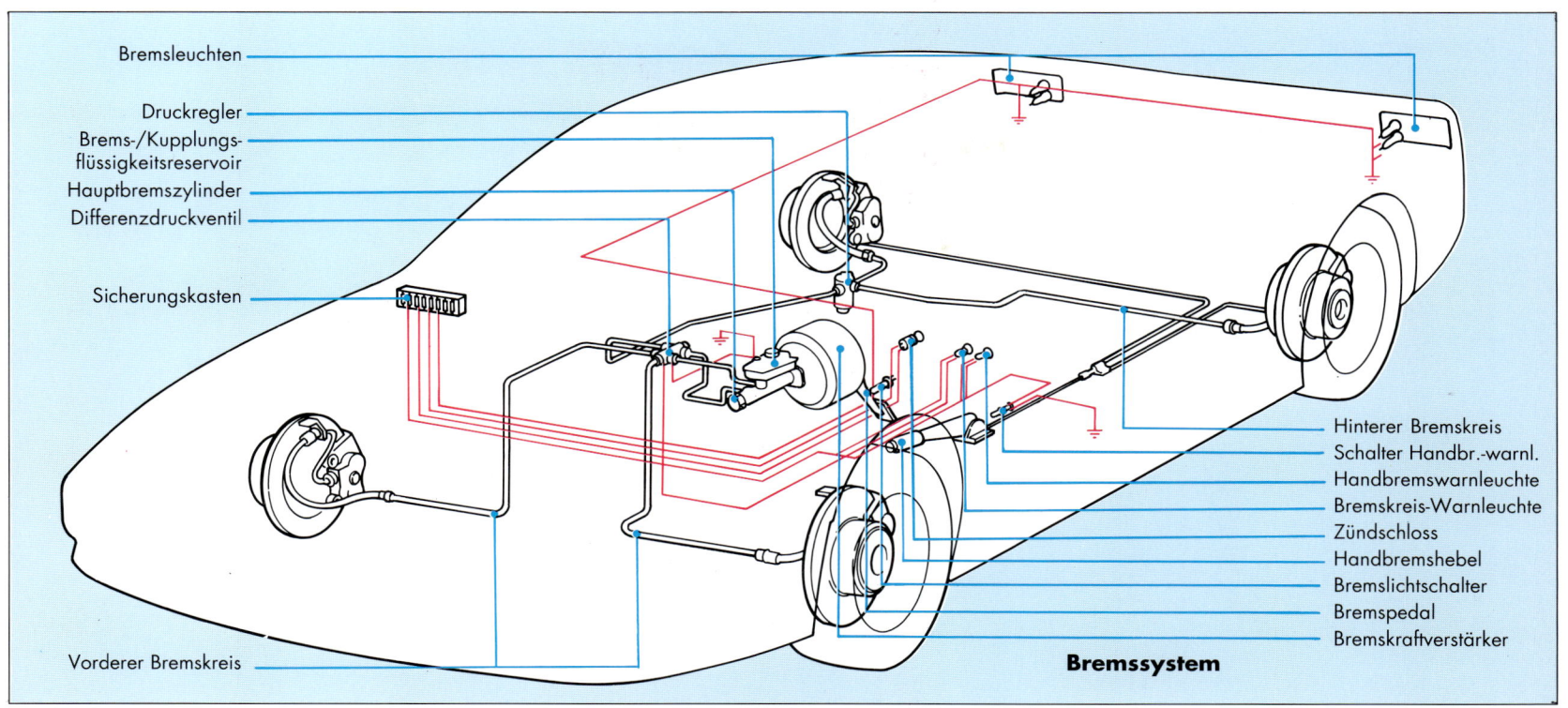

Bremssystem

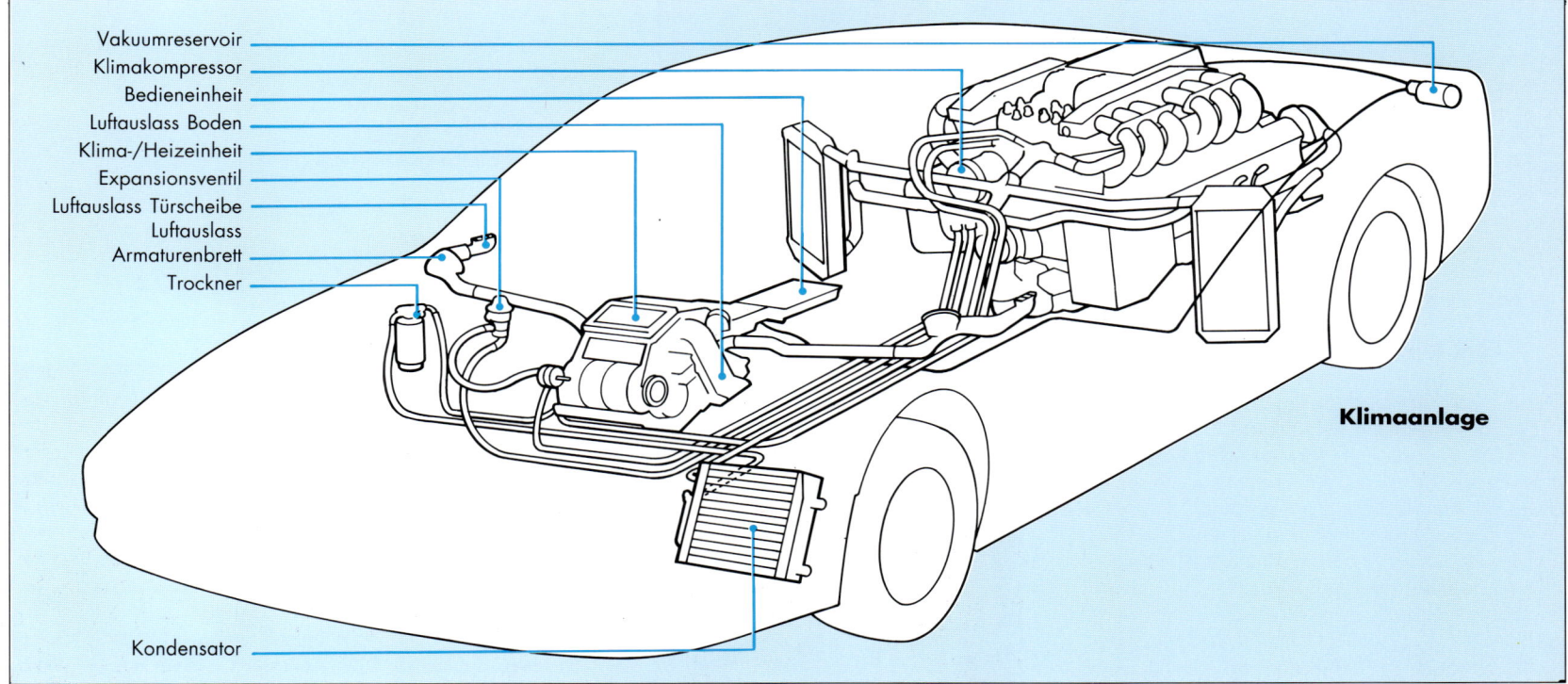

Klimaanlage

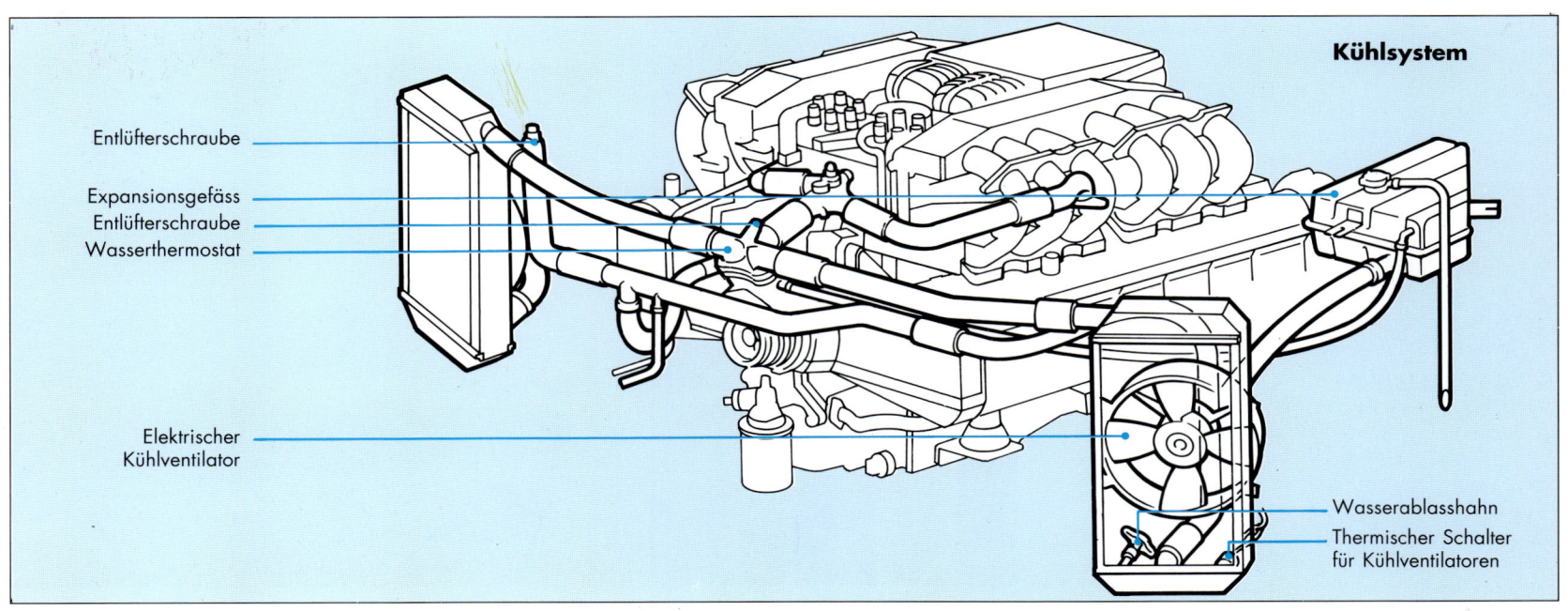

Kühlsystem

Karosserie und Chassis

Der Testarossa bringt in seiner Konstruktion keine grundlegenden Neuerungen. Wie bei vielen Ferraris zuvor, besteht das Chassis aus quadratischen und rechteckigen Stahlrohren, die zu einem Gitterrahmen zusammengeschweisst sind. Der kompakteste Teil des Wagens ist der Cockpitbereich in Halbschalenbauweise, von dem wichtige Chassisbauteile ausgehen, um die vordere Aufhängung und den hinteren Motorhilfsrahmen zu tragen. Letzterer lässt sich abschrauben, um den Motor auszubauen. Die Karosserie besteht aus Aluminium, mit Ausnahme der Türen und des Dachs, für die verzinkter Stahl verwendet wird, um der Passagierzelle genügend Festigkeit zu vermitteln. Glasfaserverstärkter Kunststoff wird für die Stossstangen und die Radhausauskleidungen verwendet. Pininfarinas Styling machte den Testarossa relativ lang (448,5 cm) und ungeheuer breit (197,6 cm). Wegen den gewaltigen hinteren Kotflügeln ist der Testarossa breiter als alle anderen Wagen heutiger Produktion. Er ist 8,5 cm länger und 14,5 cm breiter als der Boxer. Der Radstand beträgt 255 cm, die vordere Spurweite 151,8 cm und die hintere Spurweite 166 cm. Das elegante Frontprofil des Testarossa wurde durch die Verlegung der Wasser- und Ölkühler an die Wagenseiten ermöglicht. Die Schnauze fällt nach vorne ab bis unter die Höhe der Vorderräder. In die Stossstange ist ein mattschwarz lackierter Grill eingelassen, um den vorderen Bremsen Luft zuzuführen. Durch den länglichen Schlitz im Spoiler wird der Klimaanlage Luft zugeführt. Die Haube, ohne die einfahrbaren Scheinwerfer, lässt sich, unterstützt durch Gasdruckdämpfer, anheben. Darunter befindet sich ein flacher Kofferraum und das Notrad. Die Hinterkante der Haube schwingt leicht nach oben, so dass die Luft über die Scheibenwischer hinweg strömt. Auf der einen Seite befindet sich ein dreieckiger Schlitz, damit der Scheibenwischerarm eingezogen werden kann.

Fünf Rippen an einem Ferrari

Die für das Styling typischen Rippen in den zu den Wasser- und Ölkühlern führenden seitlichen Luftkanälen sind aus Stahlblech gepresst und mit dem äusseren Türblatt verschraubt. Die zweite und die vierte Rippe sind etwas breiter als die übrigen. Ein senkrechtes schwarzes Luftumlenkblech an der hinteren Türkante hilft mit, die Luft zu den Kühlern zu führen. Die kleinen Türgriffe sind unterhalb der Schlösserkanten versteckt. Diese Rippen riefen heftige Kritik hervor, man meinte, sie passen nicht zum Styling und seien eines Ferrari unwürdig. Aber es bot sich keine andere Lösung an, die Kühlluftkanäle zu verdecken. Es gibt nur einen Tankstutzen auf der linken Seite hinter dem Fenster. Zwei schwungvolle Aussenspiegel sind am unteren Ende der A-Säulen montiert. Frühere Wagen hatten nur einen Spiegel erhöht an der Fahrerseite. Die Windschutzscheibe ist bündig mit dem Dach und den seitlichen Säulen verbunden, jedoch sind die Türscheiben in herkömmlicher Weise in genutete Rahmen eingelassen. Die Fenster können so weit heruntergekurbelt werden, dass sie nicht über den Rahmen vorstehen. Die senkrechte Heckscheibe ist fast über die ganze Breite flach, nur die äusseren Enden sind gekrümmt, um in glatter Linie in die Streben überzugehen, die sich bis zum Wagenheck erstrecken. Es ist die gleiche Anordnung wie 20 Jahre früher beim Dino. Der flache Heckabschnitt, unter dem man den Motor sehen kann, ist zum grössten Teil mit einem schwarzen Grill abgedeckt, durch den die heisse Luft abgeführt wird. Ein leicht erhabenes, farbig lackiertes Karosserieblech bedeckt den mittleren Teil des Grills, um den Motor vor Regen zu schützen. Das gesamte Heckteil, einschliesslich der Streben, kann mit Hilfe von Gasdruckdämpfern mühelos angehoben werden, wodurch der Motor leicht zugänglich wird.

Aus den beiden Schnittzeichnungen ist die Anordnung der mechanischen Komponenten gut sichtbar. Der 12-Zylindermotor liegt auf der Getriebe-/Differentialeinheit. Vorne im Testarossa befinden sich nur das Servobremssystem und die Klima-/Heizanlage. Die Schalldämpfer der Auspuffanlage sind hinter der Motor-/Getriebeeinheit angebracht.

Alle Räder sind einzeln aufgehängt. Die aussenliegenden Bremsen befinden sich in den Felgenschüsseln. Die Stossdämpfer-/Schraubenfedereinheiten sind mit dem Hilfsrohrrahmen des Motors verbunden.

Kühlschlitze beherrschen das Heck

Unter der leicht erhöhten Lippe fällt das Heckteil des Wagens senkrecht ab. Über der Stossstange befindet sich ein weiterer Grill mit fünf waagerechten schwarzen Rippen. In der Mitte ist ein mattschwarzes springendes Pferd, das Markenzeichen von Ferrari, angebracht. Darunter, beidseits eines weiteren Grills mit vier Rippen, führen die vier Auspuffrohre, paarweise angeordnet, nach aussen.

Links und rechts des oberen Kühlschlitzes, unter den bis zu den Aussenkanten geführten Rippen, liegen die Heckleuchtenkombinationen. Der Testarossa ist der erste Ferrari ohne die traditionellen runden Heckleuchten. Diese rechteckige Anordnung setzt sich zusammen aus Blinker, Parklicht, Rückstrahler, Rückfahrscheinwerfer, Nebelrückleuchte und Stoplicht. Europäische Wagen haben einen zusätzlichen seitlichen Blinker hinter dem vorderen Radausschnitt, während amerikanische Wagen vorne und hinten mit zusätzlichen Seitenblinkern ausgerüstet sein müssen. Die amerikanischen Bestimmungen fordern ausserdem eine Reihe kleiner Bremslichter, die in der Mitte in die Hinterkante der Motorhaube eingesetzt sind. Vorne ist eine ebenfalls rechteckige Leuchtenanordnung in die Stossstange eingesetzt. Sie besteht aus Parklicht, Blinker und Nebelleuchte. Die Halogenscheinwerfer sind in Gehäuse eingebaut, die durch Elektromotoren – notfalls auch von Hand – aufgeklappt werden können. Alle Verzierungen sind in mattschwarz gehalten, genau wie die schmalen Türschwellenabschnitte. Der Testarossa hat keine Chromteile. Die Beschriftung ist unauffällig und beschränkt sich auf ein unscheinbares Testarossa (in einem Wort geschrieben) auf dem abfallenden Teil der Motorhaube, den Ferrari-Schriftzug auf dem waagrechten Teil der Motorhaube, Pininfarina-Schilder auf beiden Seiten vor den hinteren Radausschnitten und das traditionelle gelbe Schildchen mit dem springenden Pferd auf der Schnauze.

Innenausstattung

Setzen Sie sich in einen Testarossa, und Ihnen wird sofort das geschmackvoll konzipierte Design auffallen. Englische Connolly-Lederpolsterung und italienische Teppiche aus Wolle. Der Testarossa ist wesentlich geräumiger als der Boxer, aber doch eineutig ein Zweisitzer. Hinter den Sitzen befindet sich für kleine Gepäckstücke eine mit Teppich verkleidete Ablage. Die gebräuchlichste Farbkombination besteht aus drei Brauntönen: Hellbraun für Sitze, Himmel und Türverkleidungen, ein dunkles Siena für Armaturenbrett und Mittelkonsole und ein warmes Mittelbraun für den Teppichboden, dessen Kanten durch hellbraune Ledereinfassungen geschützt sind. Die Sitze aus weichem Leder sind mit breiten Polstern und Rückenlehnen versehen und ausgezeichnet geformt, um den Insassen bei schneller Kurvenfahrt Halt zu geben. Drei Knöpfe sind türseitig an der Sitzkissenkante eingelassen, um die Rückenlehnen sowie die Sitzhöhe elektrisch zu verstellen. Unter dem Sitz befindet sich ein Hebel zur manuellen Einstellung der Position. An beiden Sitzen befindet sich eine bequeme, einstellbare Kopfstütze, in die das springende Pferd geprägt ist. Die vorderen Radhäuser dringen weit in die Fussräume vor, jedoch bleibt genügend Platz für zwei Tieftonlautsprecher – zwei Hochtonlautsprecher sind an den Enden des Armaturenbretts eingelassen. Brems- und Kupplungspedale sind oben angelenkt, das Gaspedal jedoch am Boden. Die Handbremse befindet sich unten zwischen dem Fahrersitz und der Tür, gleich daneben sind zwei Hebel zum Öffnen der Kofferraumhaube und der Motorhaube.

Unten: Die hinteren Streben und die gekrümmte Heckscheibe des Testarossa erinnern an den Dino mit Mittelmotor der 60er Jahre.
Heissluft entweicht durch die schwarzen Grills über und hinter dem Motor.

Das Armaturenbrett, das recht spartanisch wirkt, ist mit elegantem Leder überzogen, seine weichen Kanten sind mit markanten Nähten verziert. Vor dem Fahrer befindet sich ein rechteckiges, umrahmtes Instrumentenbrett. In der Mitte, über der Mittelkonsole, sind drei Luftauslässe angeordnet, und darüber verbirgt sich hinter einer Klappe die Radio-/Kassetten-Stereo-Anlage. Vor dem Beifahrersitz ist ein kleines, nach unten aufklappbares Handschuhfach mit Schminkspiegel eingelassen. Zwei weitere Luftauslässe mit muschelförmigen Abdeckkappen sind an den äussersten Enden des Armaturenbretts, das leicht gekrümmt in die Türpolsterung ausläuft, in Kopfhöhe angeordnet. Die Mittelkonsole verläuft schräg nach unten und nach einem scharfen Knick waagrecht nach hinten zwischen die Sitze. Auf dieser Konsole befinden sich verschiedene Knöpfe und Schalter.

Instrumente

Auf dem Instrumentenbrett sind vier schwarze Veglia-Borletti-Skalen mit orangefarbigen Ziffern und Zeigern untergebracht. Links befindet sich ein elektronischer Geschwindigkeitsmesser, markiert in 10-km/h-Intervallen bis 320 km/h. Er trägt zusätzlich drei Kontroll-Leuchten für Blinker und Fernlicht im unteren Segment. Auf der rechten Seite befindet sich der elektronische Drehzahlmesser, markiert in 250-U/min-Intervallen bis 10'000 U/min. Der Bereich über 6'800 U/min ist rot markiert, Warnleuchten zeigen Benzinknappheit, eingeschaltete Aussenbeleuchtung und zu niedrige Batteriespannung an. Zwischen diesen beiden grossen Skalen befindet sich die Öldruckanzeige (mit Warnlicht) und eine Anzeige für die Wassertemperatur. Weitere Anzeigen auf dem Instrumentenbrett geben eine nicht gelöste Handbremse, eingeschaltete Heckscheibenheizung, Parkleuchten, Bremskreisversagen und geöffnete Kofferraum- und Motorhaube an. Hinter dem dreispeichigen, lederüberzogenen Lenkrad ragen aus der Lenksäule Bedienungshebel, zwei links, einer rechts. Der längere auf der linken Seite ist für die Bedienung der Scheinwerfer, der kürzere dient der Blinker-Betätigung. Der rechte Hebel reguliert die Geschwindigkeit der Scheibenwischer und betätigt ebenfalls die elektrische Scheibenwaschanlage. Das Zündschloss ist rechts an der Lenksäule angebracht. Im schrägen Teil der Mittelkonsole befinden sich zwei weitere schwarze Skalen mit orangefarbigen Ziffern und Zeigern; die obere zeigt die Motoröltemperatur, die untere den Benzinstand an. Daneben befinden sich Kontrollampen für Nebelscheinwerfer und Nebelschlussleuchten. Etwas weiter unten befindet sich auf der Konsole eine Digitaluhr mit drei Betätigungsknöpfen, der Tageskilometerzähler sowie der Kilometerzähler, den man eigentlich im Tachometer erwartet hätte. Hier geht die Konsole in ihren waagrechten Abschnitt über, in dem sich die verchromte Kulisse für den Schalthebel befindet. Auf dessen schwarzer Kugel sind die einzelnen Gänge in weiss eingraviert. Neben dem Schalthebel befinden sich Schalter für Heizung, Klimaanlage, Frischluft und Frontscheibendefroster. Dahinter sind Schalter und Knöpfe für die Einstellung der Klimaanlagen-Temperatur und der Gebläsegeschwindigkeit, der elektrischen Fensterheber und Aussenspiegelverstellung, der Warnblinkanlage und des Parklichts. Auch ein Zigarettenanzünder befindet sich hier. Am hinteren Ende dieser Konsole befindet sich unter einem gepolsterten Deckel ein kleines Fach für Tonbandkassetten und ein Handschuhfach. Über dem Innenrückspiegel ist eine weitere kleine Konsole angebracht. Hier befinden sich die Schalter

Seite 35, oben links: Bei einem Sportwagen ist das wichtigste Instrument der Drehzahlmesser. Er ist bei der rechtsgesteuerten Ausführung des Testarossa mit dem Tachometer vertauscht, damit er besser im Blickfeld des Fahrers liegt.
Oben rechts: Die Anordnung des Schalthebels in der Mittelkonsole ist bei beiden Ausführungen gleich, wodurch er beim rechtsgesteuerten Testarossa etwas weiter vom Fahrer entfernt ist.

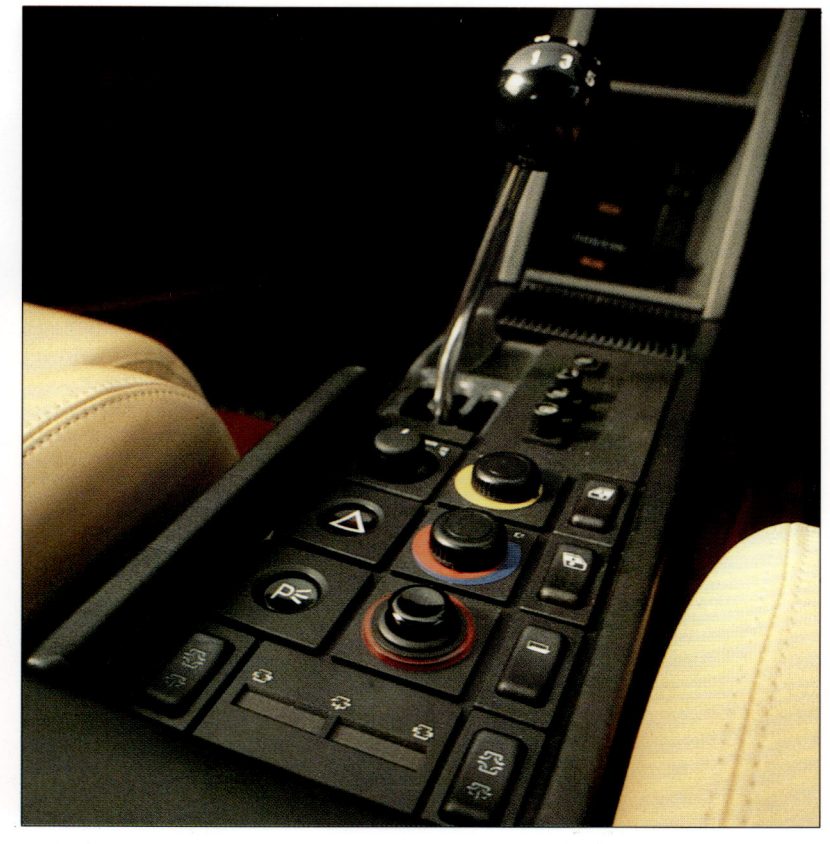

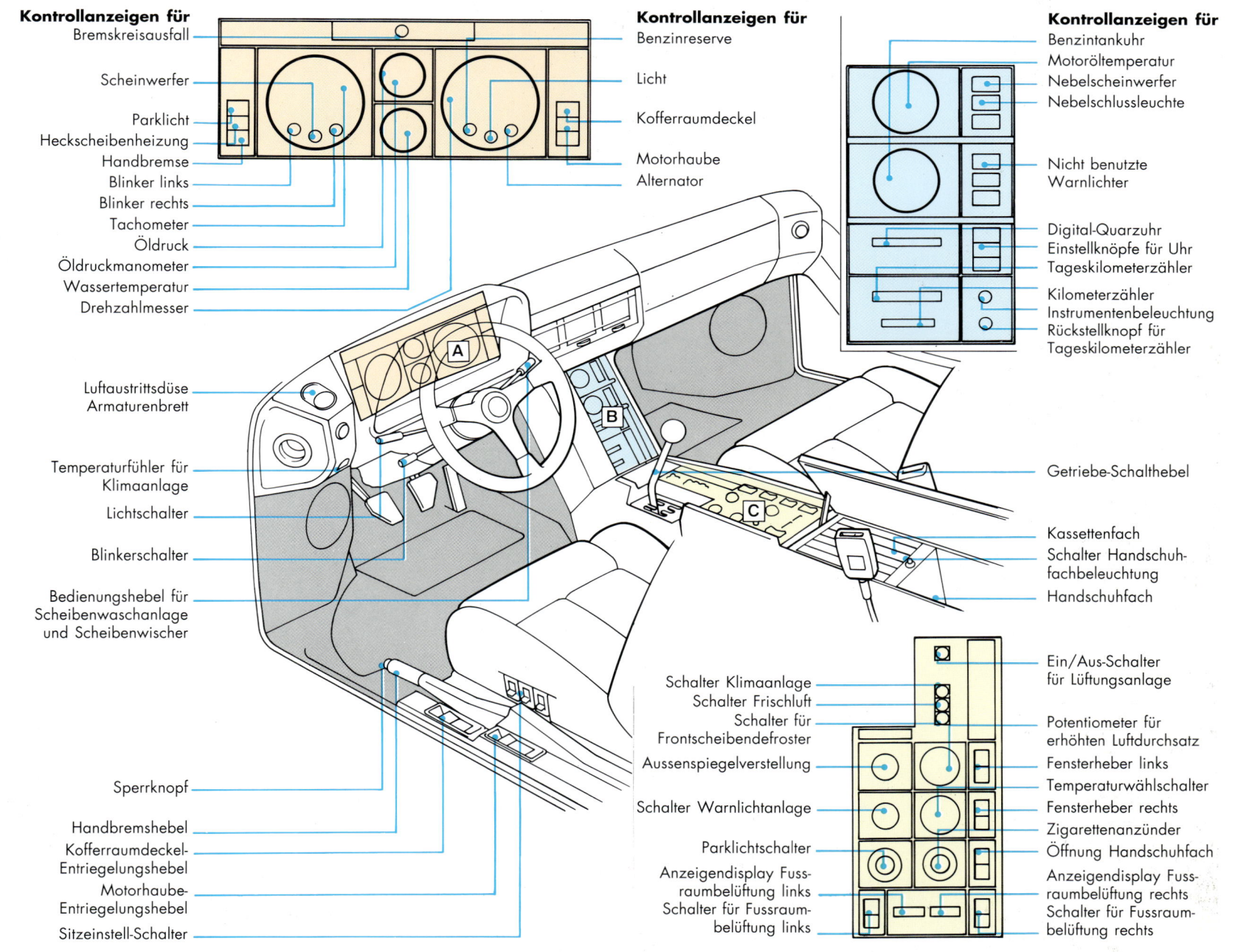

Kontrollanzeigen für
- Bremskreisausfall
- Scheinwerfer
- Parklicht
- Heckscheibenheizung
- Handbremse
- Blinker links
- Blinker rechts
- Tachometer
- Öldruck
- Öldruckmanometer
- Wassertemperatur
- Drehzahlmesser

- Luftaustrittsdüse Armaturenbrett
- Temperaturfühler für Klimaanlage
- Lichtschalter
- Blinkerschalter
- Bedienungshebel für Scheibenwaschanlage und Scheibenwischer

- Sperrknopf
- Handbremshebel
- Kofferraumdeckel-Entriegelungshebel
- Motorhaube-Entriegelungshebel
- Sitzeinstell-Schalter

Kontrollanzeigen für
- Benzinreserve
- Licht
- Kofferraumdeckel
- Motorhaube
- Alternator

- Getriebe-Schalthebel
- Kassettenfach
- Schalter Handschuhfachbeleuchtung
- Handschuhfach

- Schalter Klimaanlage
- Schalter Frischluft
- Schalter für Frontscheibendefroster
- Aussenspiegelverstellung
- Schalter Warnlichtanlage
- Parklichtschalter
- Anzeigendisplay Fussraumbelüftung links
- Schalter für Fussraumbelüftung links

Kontrollanzeigen für
- Benzintankuhr
- Motoröltemperatur
- Nebelscheinwerfer
- Nebelschlussleuchte
- Nicht benutzte Warnlichter
- Digital-Quarzuhr
- Einstellknöpfe für Uhr Tageskilometerzähler
- Kilometerzähler
- Instrumentenbeleuchtung
- Rückstellknopf für Tageskilometerzähler

- Ein/Aus-Schalter für Lüftungsanlage
- Potentiometer für erhöhten Luftdurchsatz
- Fensterheber links
- Temperaturwählschalter
- Fensterheber rechts
- Zigarettenanzünder
- Öffnung Handschuhfach
- Anzeigendisplay Fussraumbelüftung rechts
- Schalter für Fussraumbelüftung rechts

35

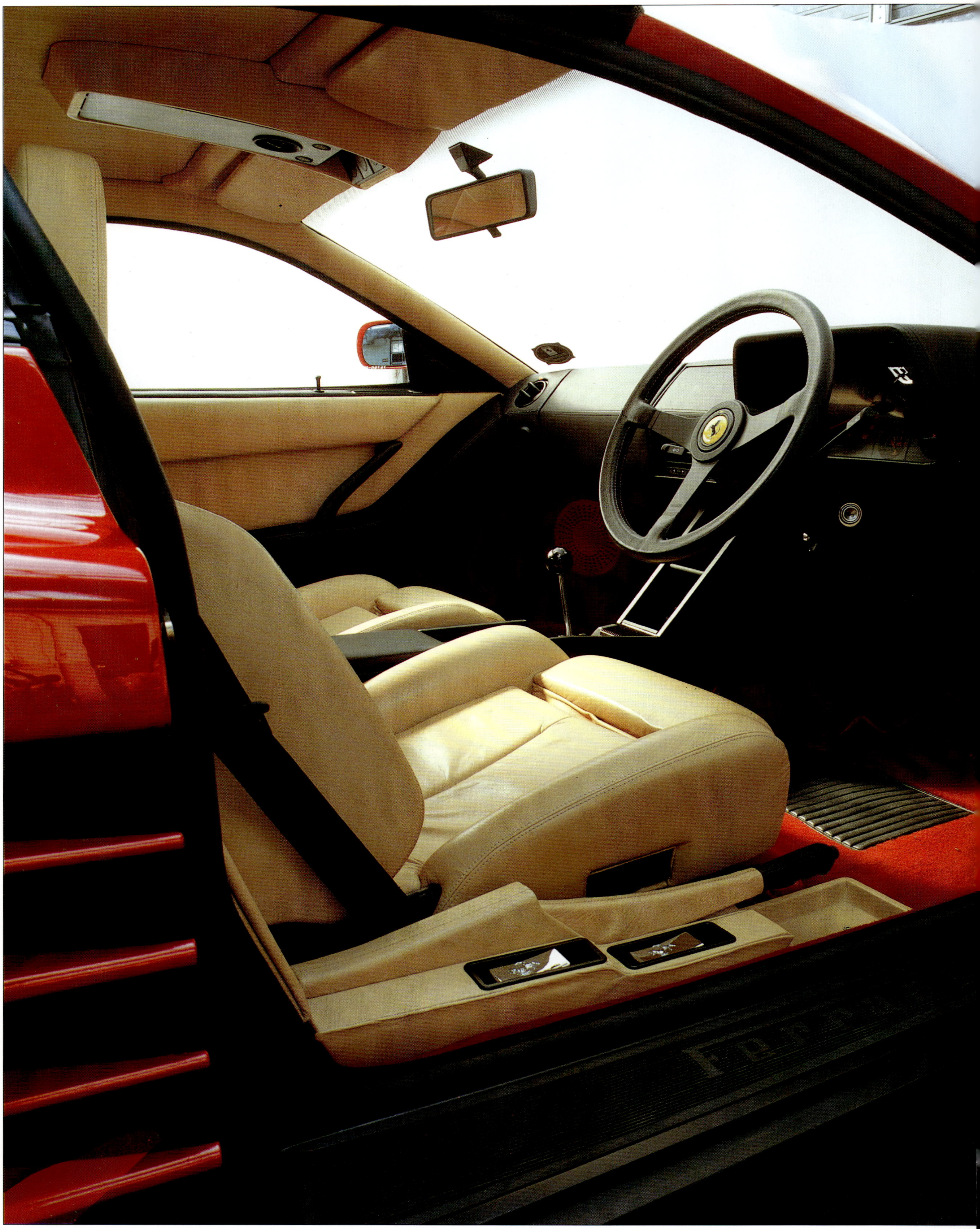

für die Heckscheibenheizung und die Nebellampen, die Innenbeleuchtung und eine Leselampe.
Die für den Testarossa eigens entwickelte Klimaanlage besteht aus einer Kühl-/Heiz-Einheit von Borletti, die hinter dem vorderen Kofferraum eingebaut ist, einem Kondensator im linken vorderen Kotflügel, einem Trockner im gegenüberliegenden Kotflügel und einem über einen Keilriemen angetriebenen Sankyo-Kompressor mit unter Druck stehendem Freongas. Sie hält die Temperatur im Passagierraum konstant, auch wenn die Aussentemperatur schwankt. Luft wird von aussen durch eine Leitung angesogen und in Abhängigkeit von den gewählten Steuereingaben erhitzt oder gekühlt und wenn nötig entfeuchtet.

Die Cockpit-Temperatur kann zwischen 18° und 32° C gewählt werden, wobei für Fahrer und Beifahrer unterschiedliche Temperaturen einstellbar sind. Die Batterie befindet sich unter einem Deckel im Kofferraum vor dem rechten Vorderrad. Bei geöffnetem Kofferraum hat man ebenfalls Zugang zu dem auf der Schutzwand befestigten Sicherungskasten.

Um den Kofferraum des Testarossa optimal auszunutzen, beauftragte Ferrari die Lederwarenfabrik Mauro Schedoni, für den Testarossa einen Spezial-Kofferset zu entwerfen. Das sechsteilige Set, geprägt mit Testarossa-Schriftzug und springendem Pferd, ist in hellem Braun verfügbar. Drei Stücke finden im vorderen Kofferraum, drei weitere hinter den Sitzen Platz.

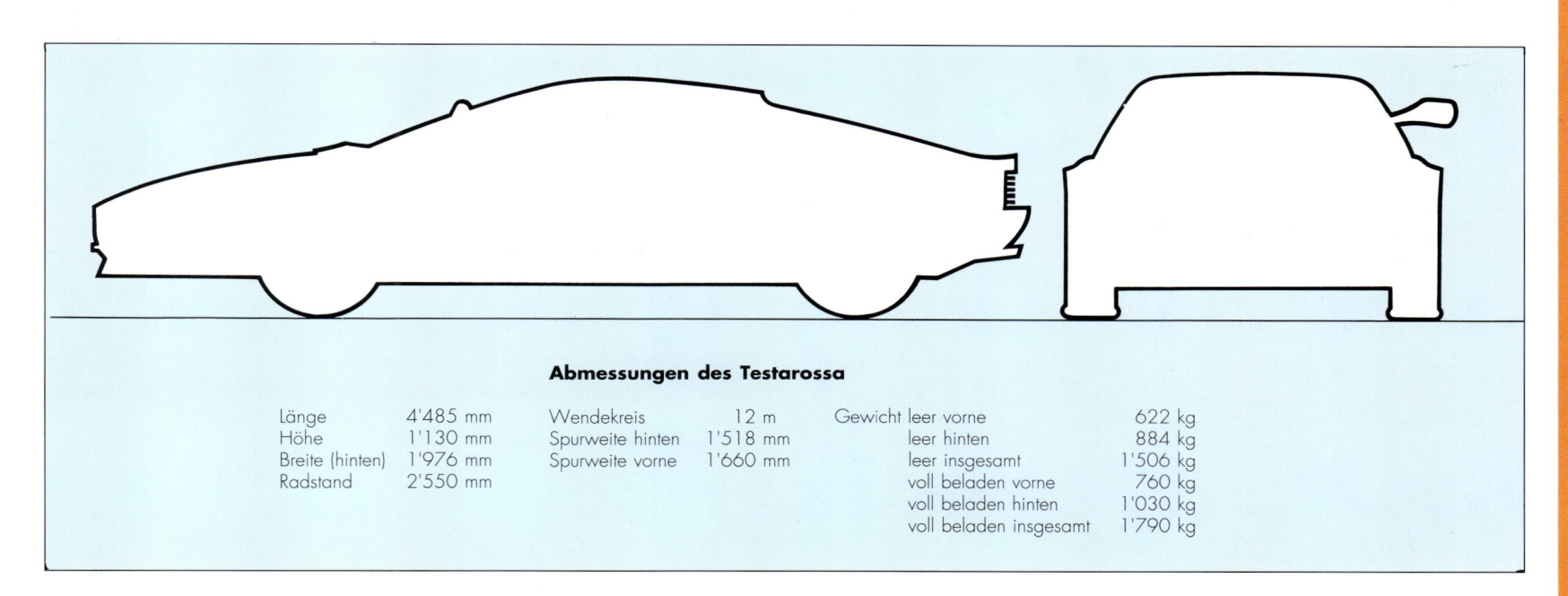

Abmessungen des Testarossa

Länge	4'485 mm	Wendekreis	12 m	Gewicht leer vorne	622 kg
Höhe	1'130 mm	Spurweite hinten	1'518 mm	leer hinten	884 kg
Breite (hinten)	1'976 mm	Spurweite vorne	1'660 mm	leer insgesamt	1'506 kg
Radstand	2'550 mm			voll beladen vorne	760 kg
				voll beladen hinten	1'030 kg
				voll beladen insgesamt	1'790 kg

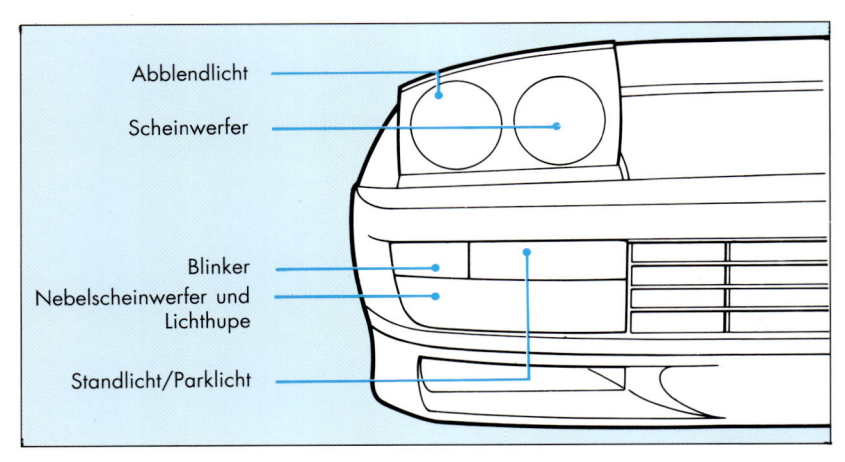

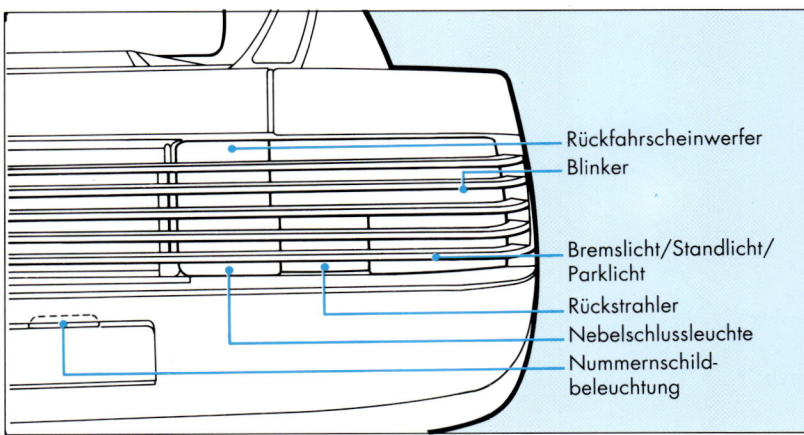

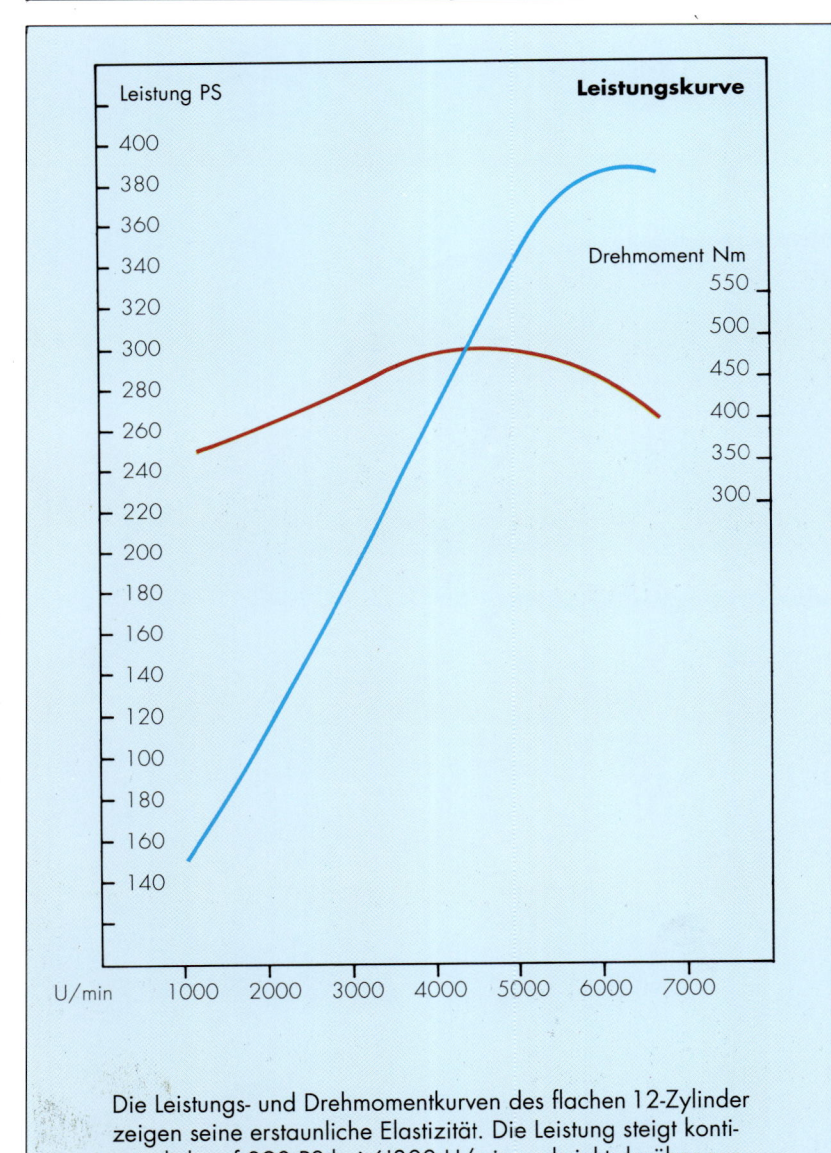

Leistungskurve

Die Leistungs- und Drehmomentkurven des flachen 12-Zylinder zeigen seine erstaunliche Elastizität. Die Leistung steigt kontinuierlich auf 390 PS bei 6'300 U/min und sinkt darüber nur wenig ab. Die flache Drehmomentkurve erreicht ihren Höchstwert von 490 Nm (50 mkg) bei 4'500 U/min.

Die Spezifikationen des Testarossa

Motor

Bauart	flacher 12-Zylinder, 180° gegenüberliegend, Silumin-Gehäuse, längs hinter dem Cockpit eingebaut
Typ	F113A
Hubraum	4'942 cm^3
Bohrung	82 mm
Hub	78 mm
Verdichtungsverhältnis	9,3:1
Hauptlager	sieben
Höchstdrehzahl	6'300 U/min
Leerlaufdrehzahl	1000 U/min ± 100 U/min
Höchstleistung	390 PS (286,8 kW) bei 6'300 U/min
spezifische Leistung	78,9 PS/Liter (58 kW/Liter)
Höchst-Drehmoment	490,3 Nm (50 mkg)
Zündfolge	1-9-5-12-3-8-6-10-2-7-4-11
Ventilsteuerung	vier Ventile pro Zylinder, betätigt durch je eine Einlass- und Auslassnockenwelle pro Zylinderreihe
Ventilwinkel	Einlass 20°, Auslass 21°
Nockenwellenantrieb	Zahnriemen, Goodyear Typ PD
Einlassventilsteuerzeiten	öffnet 13° v OT schliesst 51° n UT
Auslassventilsteuerzeiten	öffnet 54° v UT schliesst 10° n OT

Kühlung

Art	geschlossene Pumpenumlaufkühlung, Überdruck 0,9 bar
Kühler	zwei seitlich des Motors angebrachte Kühler vom Typ Puma-Chausson mit thermostatisch gesteuerten Kühlventilatoren, die sich bei 84° C ein- und bei 75° C ausschalten
Kapazität	20 Liter Kühlflüssigkeit

Benzin-System

Bauart	zwei mechanisch/elektrische Benzineinspritzungen vom Typ Bosch KE-Jetronic (für jede Zylinderreihe ein System)

Benzinförderung	zwei elektrische Benzinpumpen, Typ Bosch
Benzinkapazität	zwei Leichtmetalltanks, Fassungsvermögen 115 Liter plus 18 Liter Reserve

Elektrische Anlagen

Zündsystem	Marelli Microplex MED 120 B computergesteuerte elektronische Zündung
Zündzeitpunkt	8° bei 1'000 U/min 30° bei 5'000 U/min
Zündkerzen	Champion A6G
Dimension	12 mm x 1,25 mm
Elektrodenabstand	0,6 mm–0,7 mm
Zündspulen	2 Marelli AEI 500C
Alternator	AC Delco 120A
Batterie	12V/66Ah AC Delco DR765
Anlasser	Bosch

Schmierung

Art	Trockensumpfsystem mit getrenntem Öltank/Kühler, Saugpumpe/Druckpumpe
Ölkapazität	15,5 Liter
Öldruck im Leerlauf	4,5 kg/cm^2
Maximaler Öldruck	6,5 kg/cm^2
empfohlenes Öl	Agip Sint 2000 SAE 10W50

Getriebe/Differential

Getriebe	Ferrari 5-Gang vollsynchronisiert, separate Ölumwälzpumpe, Gehäuse aus Silumin-Legierung
Ölkapazität	9,5 Liter
empfohlenes Öl	Agip Rotra M4P SAE 80W90
Übersetzungsverhältnis:	
Erster Gang	3,139:1
Zweiter Gang	2,014:1
Dritter Gang	1,526:1
Vierter Gang	1,167:1
Fünfter Gang	0,875:1
Rückwärtsgang	2,532:1
Achsantrieb	Hypoidantrieb mit ZF-Sperrdifferential
Übersetzungsverhältnis	3,21:1 (45:14)
Kupplung	Borg & Beck 242-mm-Doppelscheiben-Trocken-Kuppplung, hydraulisch betätigt

Aufhängung

Vorne	Einzelradaufhängung mit doppelten Dreieckquerlenkern, Schraubenfedern, Koni-Stossdämpfern Typ 82P2279, Querstabilisator, Druckanschlagfederelemente aus Gummi
Hinten	Einzelradaufhängung mit doppelten Dreieckquerlenkern, je zwei Schraubenfedern und Koni-Stossdämpfern Typ 82P2142, Querstabilisator, Druckanschlagsfederelemente aus Gummi

Lenkung

Typ	Zahnstangenlenkung mit zwei symmetrischen Spurstangen
Übersetzungsverhältnis	3,45 Lenkradumdrehungen von Anschlag zu Anschlag
Wendekreis	12,0 m

Bremsen

System	hydraulische Zweikreisanlage mit Bremskraftverstärker; vorne und hinten belüftete Scheibenbremsen, Durchmesser 310 mm, Vierkolben-Bremssättel
Bremsklötze	Galfer 1725 FF
Handbremse	mechanisch, auf separate Trommelbremsen hinten wirkend

Räder und Reifen

Felgen, vorne	Speedline, 8J x 16", 5-Speichen, Leichtmetallegierung
Reifen, vorne	225/50 VR 16 (Michelin MXV oder Goodyear Eagle NCT)
Reifendruck, vorne	2,4 bar
Sturzwinkel, vorne	0°–0° 15'
Vorspur, vorne	0,5 mm–1,0 mm
Nachlauf, vorne	5° 30'
Spreizung	11° 30'
Felgen, hinten	Speedline, 10J x 16", 5-Speichen, Leichtmetallegierung
Reifen, hinten	255/50 VR 16 (Michelin MXV oder Goodyear Eagle NCT)
Reifendruck, hinten	2,5 bar
Sturzwinkel, hinten	–0° 45'– –1°
Vorspur, hinten	0,5 mm–1,0 mm
Notrad	3,25 x 18", Leichtmetall, Reifen 115/85 R 18 Michelin oder Goodyear, Höchstgeschwindigkeit 80 km/h
Notrad-Reifendruck	4,2 bar

Aufbau

Chassis	Gitterrohrrahmen
Karosserie	Aluminium, Türen und Dachabschnitte zinkbehandelter Stahl (Zincrox), Stossstangen glasfaserverstärkter Kunststoff

Abmessungen

Länge	4'485 mm
Breite	1'976 mm
Höhe	1'130 mm
Radstand	2'550 mm
Spurweite vorne	1'518 mm
Spurweite hinten	1'660 mm
Leergewicht	1'506 kg

Fahrleistung (Ferrari-Werkangaben)

Höchstgeschwindigkeit	290 km/h
0–100 km/h	5,8 Sekunden
0–400 m	13,6 Sekunden
1 km mit stehendem Start	24,1 Sekunden

Fahrleistung (Automobil-Revue Nr. 35 1985, ECE-Version)

Höchstgeschwindigkeit	292 km/h
0–80 km/h	3,9 Sekunden
0–100 km/h	5,7 Sekunden
0–120 km/h	7,2 Sekunden
0–140 km/h	9,6 Sekunden
0–160 km/h	11,9 Sekunden
1 km mit stehendem Start	24,3 Sekunden

Testverbrauch 16,1 Liter/100 km

Fahrleistung (auto motor und sport Nr. 11 1985)

Höchstgeschwindigkeit	291 Km/h
0–60 km/h	3,1 Sekunden
0–80 km/h	4,1 Sekunden
0–100 km/h	5,7 Sekunden
0–120 km/h	7,5 Sekunden
0–140 km/h	9,7 Sekunden
0–160 km/h	12,2 Sekunden
0–180 km/h	15,9 Sekunden
0–200 km/h	19,7 Sekunden
400 m mit stehendem Start	13,6 Sekunden
1 km mit stehendem Start	24,5 Sekunden

Elastizität	
40–100 km/h (Vierter Gang)	9,8 Sekunden
60–120 km/h (Fünfter Gang)	14,4 Sekunden

Testverbrauch 18,4 Liter/100 km

Fertigung

Folgen wir der Entstehung des Testarossa bei Pininfarina und in Maranello

Bevor ein Testarossa auch nur ein Rad aus eigener Kraft bewegt, hat er bereits viele Reisen unternommen, denn die Wagen werden in drei verschiedenen Werken gebaut. ITCA in Turin baut Karosserie und Chassis für den Testarossa, Pininfarina lackiert und stattet ihn aus, und in Maranello werden alle wesentlichen mechanischen Teile produziert und zusammengebaut. Dieses Verfahren unterscheidet sich von der Hauptproduktion der Ferrari-Automobile, die Achtzylinder werden ausschliesslich im Hause produziert.

Karosserie und Chassis

ITCA ist ein kleiner Betrieb, der ausschliesslich für Ferrari an Prototypen und Kleinserien arbeitet, eine traditionsbewusste Firma mit einer erfahrenen Belegschaft, der noch das alte Handwerk am Herzen liegt. Die aus Aluminium bestehenden Karosserieteile des Testarossa werden noch von Hand gehämmert, und auch das Chassis wird aus vier- und rechteckigen Stahlrohren von Hand zusammengeschweisst. Während für die meisten Karosserieteile des Testarossa Aluminium verwendet wird – wegen dem geringeren Gewicht und der besseren Bearbeitbarkeit – bestehen die Türen und das Dach wegen des höheren Schlagwiderstandes aus Stahl. Aber Ferrari verwendet einen besonders behandelten Stahl, den sogenannten Zincrox. Dieser wurde 1981 von Ferrari entwickelt, und seitdem werden alle Stahl-Karosserien aus diesem Material gebaut. Wie alle italienischen Automobilhersteller hatte auch Ferrari in den 70er Jahren mit Korrosionsproblemen zu kämpfen, bis seine Metallurgen dieses inzwischen patentierte Verfahren erfanden, Stahl mit einer Kombination aus Zink, Chrom und Chromoxid zu überziehen. Zincrox verteuert allerdings die Karosserie um 20 %, aber 1'000 Teststunden mit einer Salzbehandlung in der Korrosionskammer haben die Vorteile dieses Verfahrens bestätigt.

Die Weiterbearbeitung bei Pininfarina

Wenn die Karosserie/Chassis-Einheiten im Pininfarina-Werk in Grugliasco eintreffen, beginnt die Grundierung und das Lackieren. Der Testarossa befindet sich hier in nobler Gesellschaft von Lancia, Alfa Romeo, Peugeot und Cadillac. Für diese Firmen ist Pininfarina ebenfalls tätig. Die Halbfabrikate durchlaufen zuerst das Phosphatsystem, den ersten Abschnitt eines 365 m langen Systems. Hier wird unter Hochdruck mit einem Sprühgemisch (Wasser und Lösungsmittel) die Oberfläche von Staub und Fett befreit. Sodann wird mit klarem Wasser gewaschen, bevor eine Zink-Phosphat-Tauchgrundierung erfolgt – ein streng gehütetes Geheimnis, dieses von Pininfarina patentierte Verfahren, mit dem man Stahl, Aluminium und Zink (die drei bei der Testarossa-Karosserie verwendeten Metalle) gleichzeitig behandeln kann. Früher mussten Aluminium-Karosserieteile einer getrennten Behandlung unterworfen werden. Nachdem die Zink-Phosphatschicht (ein antikorrosiver Überzug und eine gute Grundierung) aufgebracht worden ist, wird mit entionisiertem Wasser gespült. Dann kommt die Karosserie in einen Trocknungsofen. Nachdem sie nun sauber und trocken ist, kann sie dem ersten katophoretischen Bad zugeführt werden, das ein mit Wasser verdünn-

Links: Die Testarossa-Karosserie wird aus dem katophoretischen Bad gehoben, wo sie die erste antikorrosive Tauchgrundierung erhalten hat.
Oben: Nach der Spülung mit entionisiertem Wasser und der Zinkphosphatbehandlung wird die Karosserie durch den Trocknungsofen geführt.

tes antikorrosives Grundierungsmittel enthält; dieses Gemisch ist elektrisch aufgeladen, so dass auch der kleinste Hohlraum der Karosserie durchdrungen wird. Nach dieser Behandlung wird die Karosserie einem Trocknungsofen zugeführt; und anschliessend werden zwei weitere Grundierungen aufgebracht.

Aber nun muss der Wagen noch seine Farbe bekommen. Nachdem er mit einer mattorangen Grundierung versehen ist, können alle inneren Karosserieverbindungen mit PVC (Polyvinylchlorid) abgedichtet werden. Bis zu dieser Stufe erfährt der Testarossa die gleiche Behandlung wie alle anderen Automobile von Ferrari. Aber nun kommt die Qualitätskontrolle, dem Superwagen wird besondere Aufmerksamkeit gewidmet. Die Grundierung wird sorgfältig geschliffen, um eine perfekte Lackierung zu gewährleisten.

Automatische Lackierung

Wenn die Karosserie ausreichend geglättet ist, gelangt sie bei Pininfarina auf die neue automatische und elektrostatische Lackierstrasse, die 1987 fertiggestellt wurde. Während die Farbe aus den Sprühdüsen zieht, wird sie unter eine Spannung von 6'000 V gesetzt, um sie elektrostatisch an die Karosserie zu binden – dies ergibt eine glattere Oberfläche, als wenn das Spritzen manuell erfolgt, obgwohl schlecht zugängliche Stellen wie Türschweissnähte noch von Hand nachlackiert werden müssen.

Alle diese Arbeitsgänge werden in Glaskabinen durchgeführt, unter denen ein Wasserbad Verunreinigungen der Luft aufnimmt, die sich sonst auf der Farbe absetzen könnten. Am Schluss dieses langwierigen Verfahrens wird die Deckschicht (eine Farbe auf Acrylgrundlage) aufgebracht und im Ofen getrocknet. Diese Reise durch die automatische Lackierstrasse dauert einen ganzen Tag. Die glänzende Karosserie mit einem von Hand gespritzten mattschwarzen Interieur wird nun an empfindlichen Stellen mit einer schützenden Plastikfolie abgedeckt und durch einen Tunnel zur Montagestrasse gebracht. Hier bleibt der Wagen die nächsten drei Tage und wird mit allen inneren und äusseren Accessoirs versehen, die ihn stufenweise von einer anonymen lackierten Hülle zum fertigen Wagen werden lassen. Längs der 13 Stationen der Montagestrasse befinden sich Warenlager mit Fensterscheiben, Leder- und Gummiteilen, Instrumenten,

Kabeln, Glühbirnen und dergleichen, die grösstenteils von Zulieferern stammen.

Das Ausstatten der Wagen ist ausgezeichnet organisiert, und so verbleibt jede Karosserie etwa 2 Stunden auf einem Transportband an jeder Station. An der Station 1 werden die Frontscheibe und die Fenster eingesetzt und einige Verdrahtungen vorgenommen. Weitere Verdrahtungen, diverse Gummiteile und die Fensterrahmen werden an der Station 2 montiert. Die Firmenzeichen und die Scheibenwischer werden an der Station 3 angebracht. Die Station 4 ist für die Seitenrippen, die Spiegel und die Lüftungsschlitze zuständig. An der Station 5 widmet man sich dem Einbau weiterer elektrischer Systeme, der Signalhörner und des Servosystems für die Bremsen.

An der Station 6 befasst man sich zum ersten Mal mit dem Innenraum. Schalldämmendes Material wird auf dem blanken Cockpitboden verlegt, und auch für die Klimaanlage ist diese Station zuständig. Der Station 7 kommt die knifflige Aufgabe des Einbaues der elektrischen Fensterheber an beiden Türen, der Gasdruckdämpfer am Kofferdeckel, des Tankverschlusses, das Anbringen von Dichtprofilen aus Gummi und der Scheinwerfergehäuse zu. An der Station 8 beginnt das Interieur Form anzunehmen. Zunächst werden die Pedale und die Mittelkonsole eingebaut. An der Station 9 folgen die Sicherheitsgurte, das Armaturenbrett und der hintere Teil des Passagierraumes. Die Stossstangen übernimmt die Station 10 wie auch das Verlegen des Teppichbodens. Die Betätigungskabel für Lenksäule, Heizsystem, Handbremse, Kofferraumdeckel und Motorhaube werden an der Station 11 verlegt. Nun fehlen nur noch die Lenksäule, die Türverkleidungen, diverse Betätigungshebel und -schalter, die Sitze und das Instrumentenbrett. Diese werden als Einheit von Veglia-Borletti geliefert und an der Station 12 montiert. Die allerletzten Gegenstände wie das Lenkrad und der Schalthebel werden an der Station 13 angebracht. Hier findet auch eine letzte Kontrolle statt, ob alle elektrischen Systeme einwandfrei funktionieren. Es erfolgt eine letzte Qualitätskontrolle. Sollte die Karosserie auf dem langen Weg zur Fertigstellung irgendwelche Beschädigungen erfahren haben, steht an dieser letzten Station eine Spritzkabine und ein Einbrennofen zur Verfügung, um diese Schäden auszubügeln. Auf dem Weg durch die einzelnen Stationen trägt jeder Wagen ein Etikett mit dem Namen des Kunden und des Bestimmungslandes. Bei einer Wartezeit von einem Jahr ist nahezu jeder Testarossa im voraus bestellt. Die Nationalität des Kunden spielt eine wichtige Rolle, da jedes Land seine eigenen Zulassungsbestimmungen hat. Am Ende der Ausrüstungsstrasse liegen zwei vollgeschriebene A4-Schreibmaschinenseiten bereit, die all diese Vorschriften enthalten, die zu berücksichtigen sind. Natürlich sind auch spezielle Kundenwünsche wie Ausgestaltung der Sitze und extravagante Cockpit-Farben notiert.

Unten: Die orangefarbige Grundierung wird geschliffen, bevor die abschliessenden Acryl-Farbschichten aufgetragen werden; hier ist eine sorgfältige Vorbereitung wesentlich. Rechts: Die Rippen werden mittels Bolzen an den Türen befestigt. Rechts unten: Der Innenraum nimmt Form an, nachdem die Instrumente, das Armaturenbrett und die Mittelkonsole eingebaut worden sind.

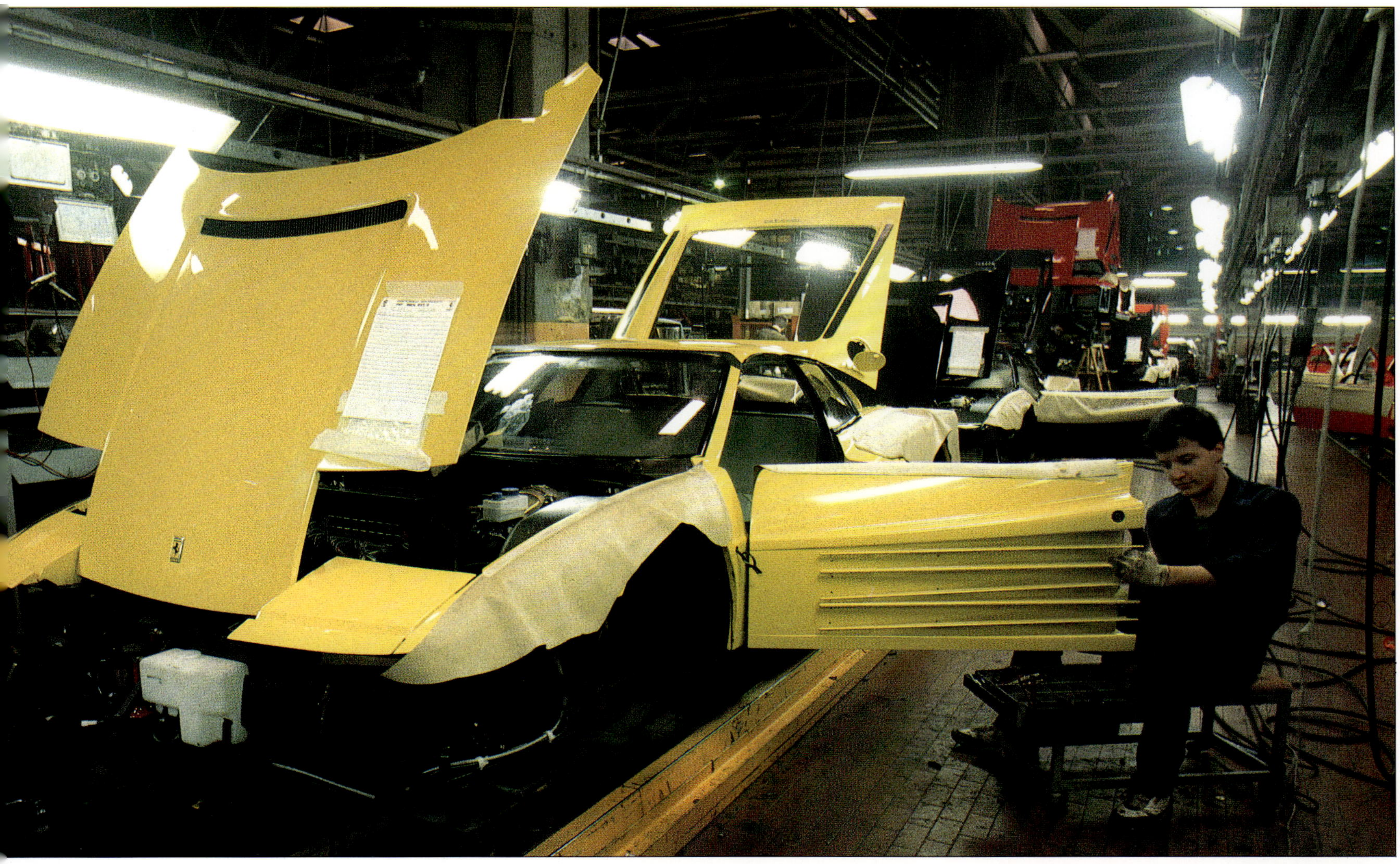

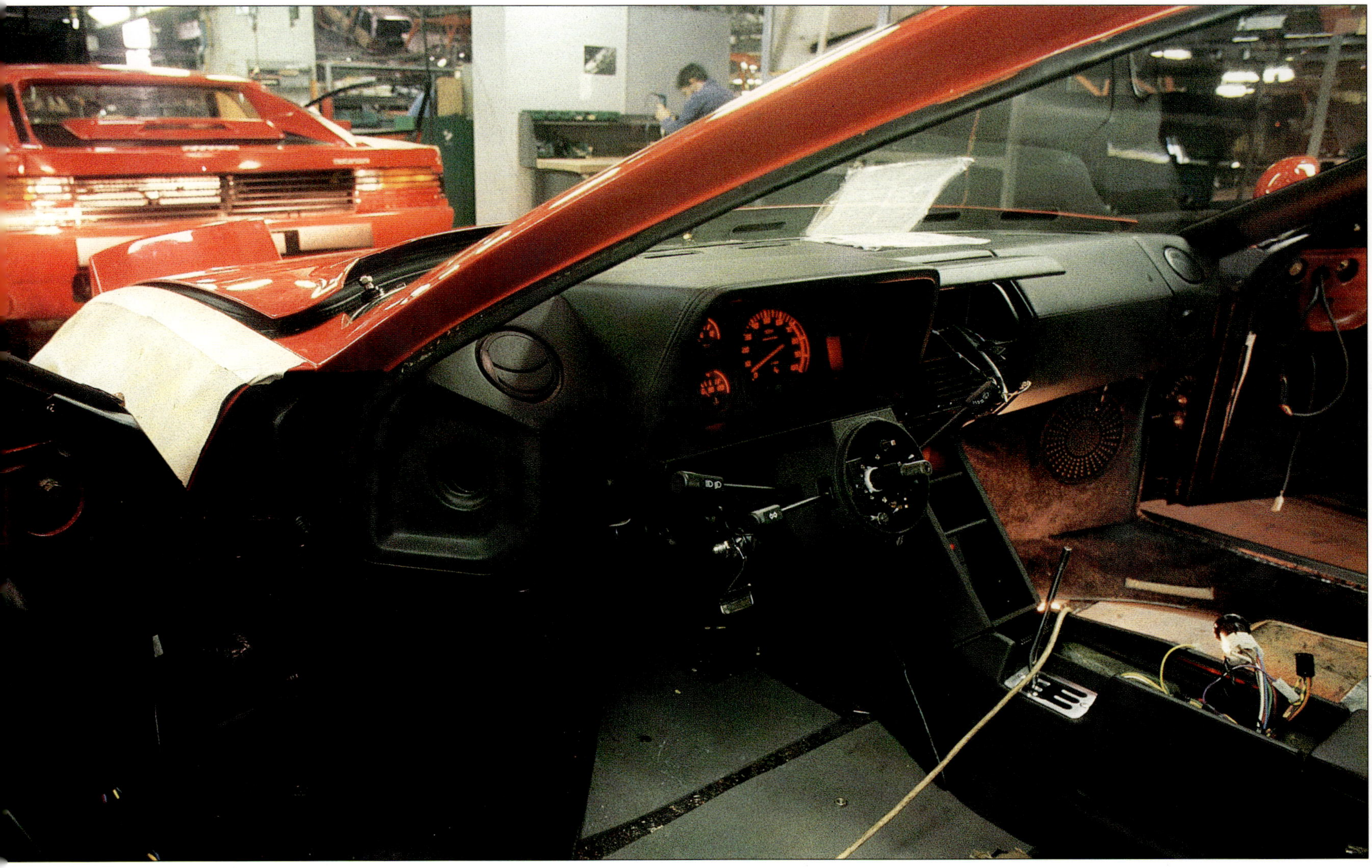

Nun endlich ist die Karosserie bereit, die Reise nach Maranello anzutreten. Der bei Pininfarina vorhandene Vorrat reicht für etwa dreissig Testarossa, genug, um Ferrari nahezu zwei Wochen lang zu beliefern. Ein geschlossener Lastwagen kommt zwei- bis dreimal wöchentlich und holt die fertigen Karosserien ab.

Endmontage in Maranello

Nur etwa 10% des Werkareals ist für die Endmontage auf vier Fertigungsstrassen bestimmt. Die Belegung dieser Strassen hängt von den verschiedenen Modellen ab, jedoch ist eine Strasse dem Testarossa vorbehalten, obwohl dort auch einige der 12-Zylinder-412i-Limousinen montiert werden.

Als dieses Buch geschrieben wurde, war eine Strasse für den F-40 reserviert, die beiden anderen für den 328 GTB/GTS – der den Löwenanteil an Ferraris Produktion ausmacht.

An der zweiten Station ihrer Montagestrasse erhalten die von Pininfarina angelieferten Testarossa-Karosserien die Leitungen für die Brems- und Kühlsysteme, die Wasser- und Ölkühler hinter den seitlichen Lufteinlässen, die elektrischen Gebläse für die Kühler, die beiden Benzintanks zwischen Motor und Schutzwand. An der zweiten Station wird der Motor, das Getriebe und die hintere Radaufhängung eingebaut. Diese Einheit ist bereits in einen Hilfsrahmen montiert und kommt von einem anderen Teil des Werks. Der Einbau erfolgt durch einen einzigen Mann. Die Einheit wird von einer hydraulischen Hebevorrichtung angehoben, bis die Befestigungsplatten mit den entsprechenden Befestigungsstellen ausgerichtet sind. Die hydraulische Hebevorrichtung arbeitet so präzise, dass es überflüssig ist, manuell nachzuhelfen. Die ganze Montage dauert nur eine halbe Stunde. Nun kommt der Wagen auf eine etwa zwei Meter hohe Bühne, damit man einen guten Zugang zur Unterseite des Wagens hat. Täglich werden fünf Testarossa vollendet, und an jedem wird drei Tage lang gearbeitet. Auf dieser Bühne sieht der Testarossa fast vollendet aus, und es sind nur noch wenige Handgriffe erforderlich. Vordere Radaufhängung, Vorderbremsen, Auspuffsystem, Lenkung, Räder und Reifen sind die letzten grösseren Komponenten, die noch fehlen. Aber auch einige Kleinigkeiten erfordern noch Aufmerksamkeit, zum Beispiel die aluminiumverkleideten Kunststoffplatten, die zwischen Motor und Cockpit die Lärm- und Hitzeschutzwand bilden. Nun wird der Wagen wieder auf den Boden abgesenkt, um die Radgeometrie mit Hilfe computergesteuerter «geometria ruote»-Huntergeräte einzustellen, und noch einmal werden die gesamten elektrischen Anlagen überprüft. An der Auspuffanlage werden Absaugleitungen angebracht, und der Motor wird zum ersten Mal gestartet. Der Testarossa fährt aus eigener Kraft.

Oben: Fertige Karosserien stehen bei Pininfarina in Grugliasco bereit für den Transport nach Maranello. Rechts oben: Das Aufsetzen des Motors auf den Hilfsrahmen, die hintere Radaufhängung ist bereits montiert. Rechts unten: Die komplette Motoreinheit, fertig für den Einbau in die Karosserie.

Die Giesserei

Für einen so kleinen Betrieb wie Ferrari ist es ungewöhnlich, dass er eine eigene Giesserei unterhält. Hier werden nahezu alle Gussteile für die flachen 12-Zylindermotoren, Getriebe und Aufhängungen – auch diejenigen für die V8- und V12-Motoren anderer Modelle – gegossen. Auch die Magnesiumteile für Rennmotoren haben hier ihren Ursprung. Ferrari hat eigene Metallurgen eingestellt, die sich mit den verschiedensten Legierungen beschäftigen und für die Qualitätskontrolle mittels spektroskopischer Analyse verantwortlich sind. Die heute bei fast allen Motoren verwende-

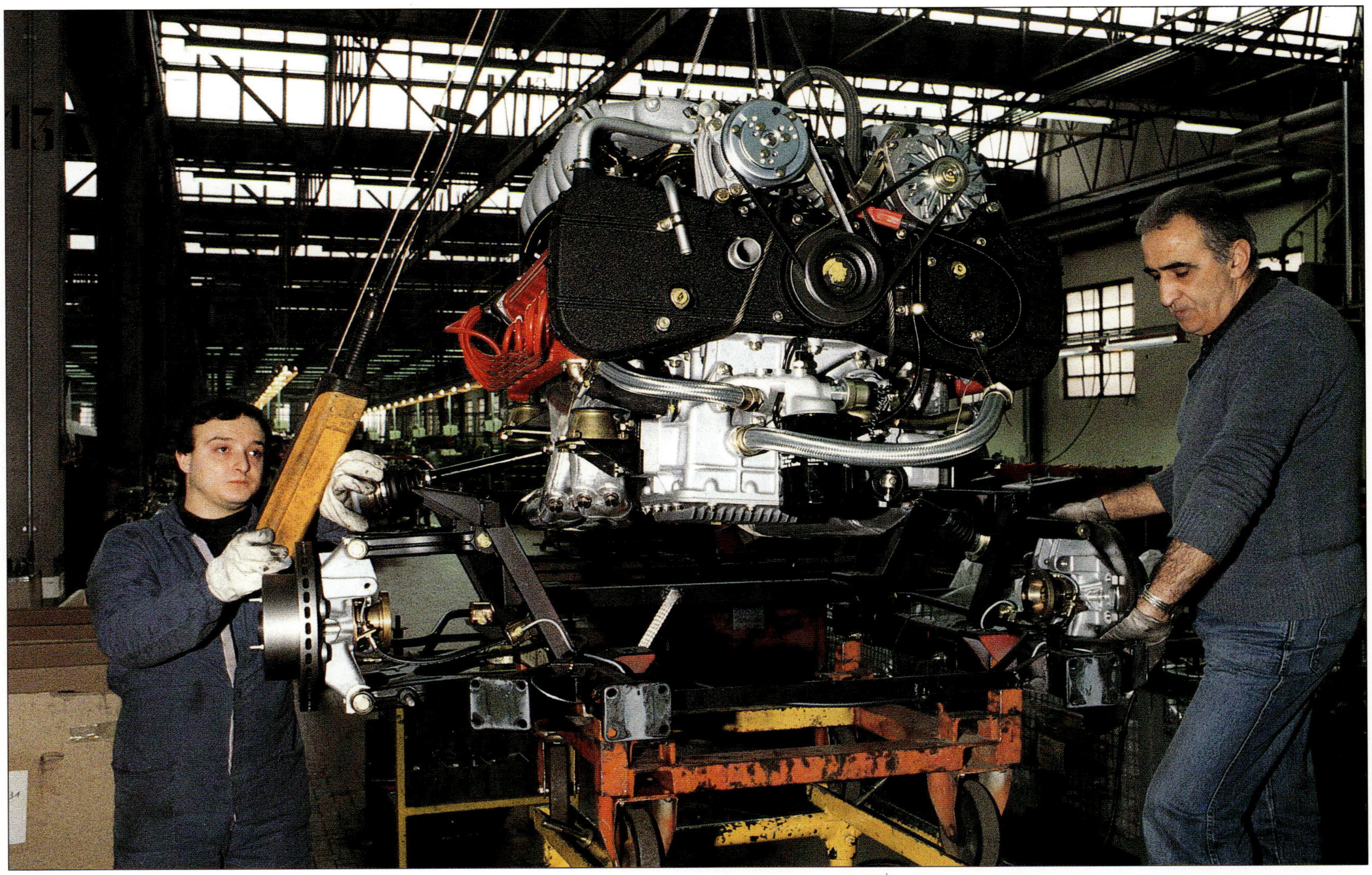

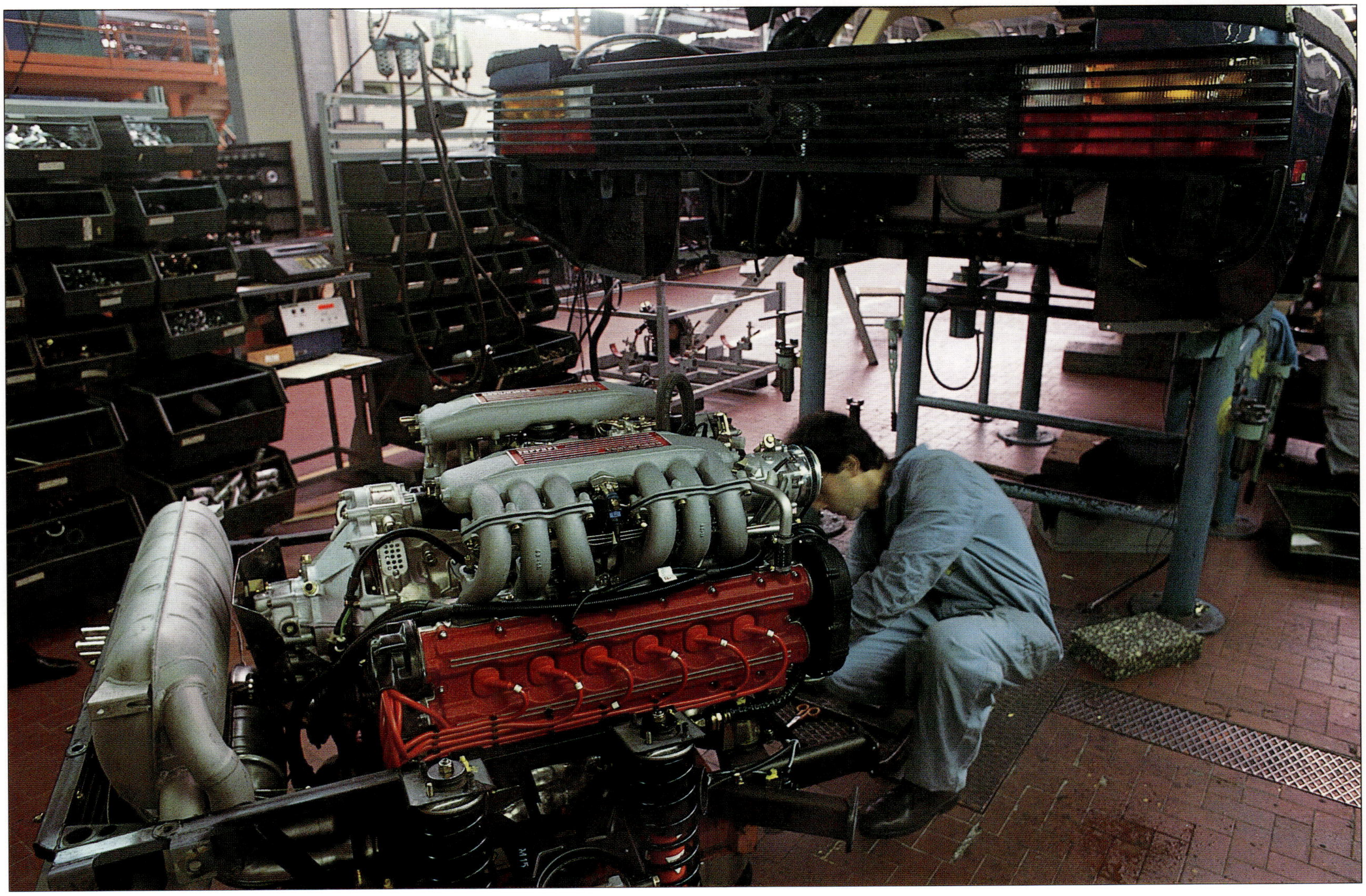

ten Legierungen bestehen zu 90% aus Aluminium, 9,4% Silizium und 0,6% Spurenelementen wie Eisen, Magnesium, Mangan, Titan und Kupfer.

Bei Ferrari ist es noch Tradition, jedes Einzelteil in Sandgussformen zu giessen, die jedesmal neu hergestellt werden müssen. Die Formen werden mit einer Schicht aus feuchtem, gepresstem Sand und Ton überzogen, um das Gussstück und die Form vor einem Zusammenschmelzen zu bewahren – ähnlich des Fettens einer Backform. Dieser Sand verleiht den fertigen Motorteilen ihre schillernde Aussenstruktur. Auf 600° C erhitztes, geschmolzenes Aluminium – Doktor Pietro de Franchi, Ferraris Direktor für Public Relations, nennt es einen «James Bond Cocktail»! – wird aus dem Ofen unten abgezogen und in die Formkästen gegossen. Nach etwa einer Stunde ist das flüssige Aluminium erstarrt. Die Formkästen werden vibriert, um die neuen Gussteile freizusetzen. Als rauhe, funkelnde Stücke fallen sie heraus, als hätte man einen Baukasten für ein Modellflugzeug vor sich. Die meisten Arbeiter in der Giesserei beschäftigen sich mit der Anfertigung dieser Formkästen, von denen einige doch recht kompliziert sind. Ein Zylinderkopf muss beispielsweise in einer grossen Form hergestellt werden, in die Teile zum Aussparen der Auslass- und Einlasskanäle (24 pro Kopf) eingefügt sind.

Computergesteuerte Bearbeitung

Die rohen Gussstücke kommen in einen Werkraum, dem Ferrari den Namen «Flexibles Produktionssystem» (FMS = Flexible Manufacturing System) gab. Es ist eine Bearbeitungsanlage mit computergesteuerten Maschinen, die meisten davon wurden von Mandelli in Piacenza hergestellt. Die Anlage läuft rund um die Uhr und kann von einem einzigen Mann bedient werden. Ferrari nimmt für sich in Anspruch, dass dies das modernste System seiner Art in Europa ist, eines der ersten überhaupt in der Welt. Die Konstruktion dieser Anlage begann im Jahre 1983, und nun geht sie ihrer

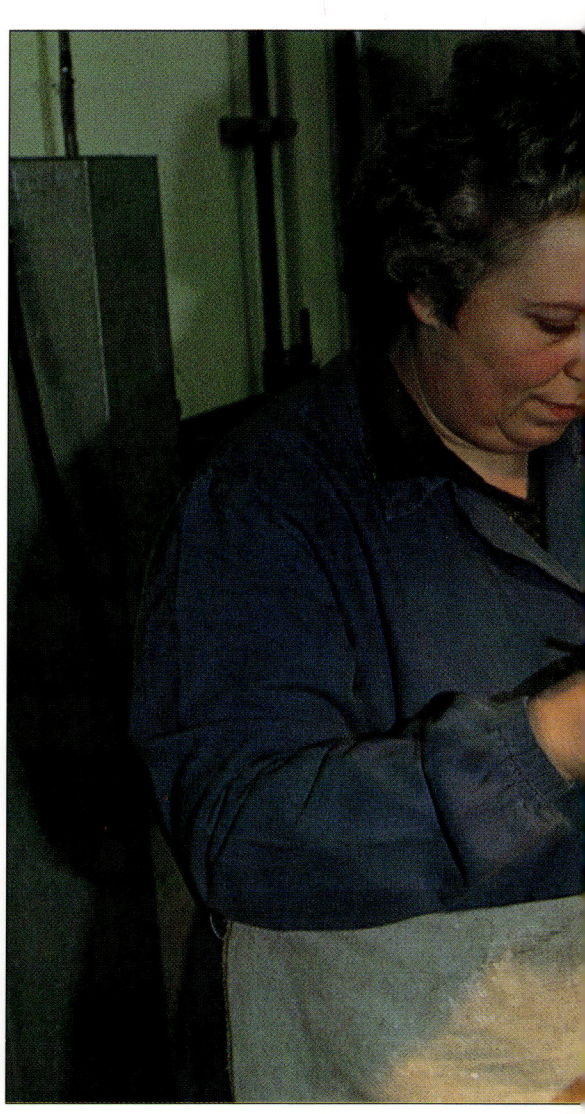

Unten und rechts unten: Geschmolzenes Aluminium mit einer Temperatur von 600° C wird in Formkästen gegossen, um Motor- und Getriebeteile zu fertigen. Rechts: Die Sandgussformen müssen sorgfältig von Hand angefertigt werden.

47

Vollendung entgegen. Jede Bearbeitungseinheit ist programmiert, die Werkzeuge werden automatisch ausgewechselt, die zu bearbeitenden Teile sind auf einem umlaufenden Sockel montiert. Innerhalb etwa einer Stunde wird aus einem rohen Gussstück ein fertiger Zylinderkopf, ein Kurbelgehäuse oder ein Getriebegehäuse. Stichprobenweise werden die Teile mit einem Mikrometer auf ihre Toleranzwerte überprüft. So werden nahezu alle Motor- und Getriebeteile im Hause gefertigt. Vielleicht die bemerkenswerteste Ausnahme, die Kurbelwelle, wird ausserhalb von Maranello aus KNV-Stahl gegossen. Sobald sich die Molekularstruktur gefestigt hat, wird das Gussstück in Maranello maschinell weiter bearbeitet; die Toleranzen der fertigen Kurbelwelle werden ebenfalls mit dem Mikrometer geprüft.

Ganz oben: Das Kurbelgehäuse wird computergesteuert bearbeitet. Oben: Prüfungen, wie an dieser Kurbelwelle, werden durch Mikrometer und das menschliche Auge vorgenommen. Rechts: Die voll computerisierten FMS-Stationen.

Montage des Motors

Alle maschinell bearbeiteten Teile werden auf Transportwagen zur Motor-Montagehalle gefahren, die nahe der Endmontagestrasse liegt. Die V8-Zylinder überragen die flachen 12-Zylinder zahlenmässig bei weitem. Aber dann entdeckt man eine kleine U-förmige Montagestrasse, auf der diese Motoren mit ihren typischen roten Ventildeckeln Gestalt annehmen. Die Arbeit beginnt mit einem leeren Aluminiumkurbelgehäuse, in das die Hauptlager, die Kurbelwelle und die

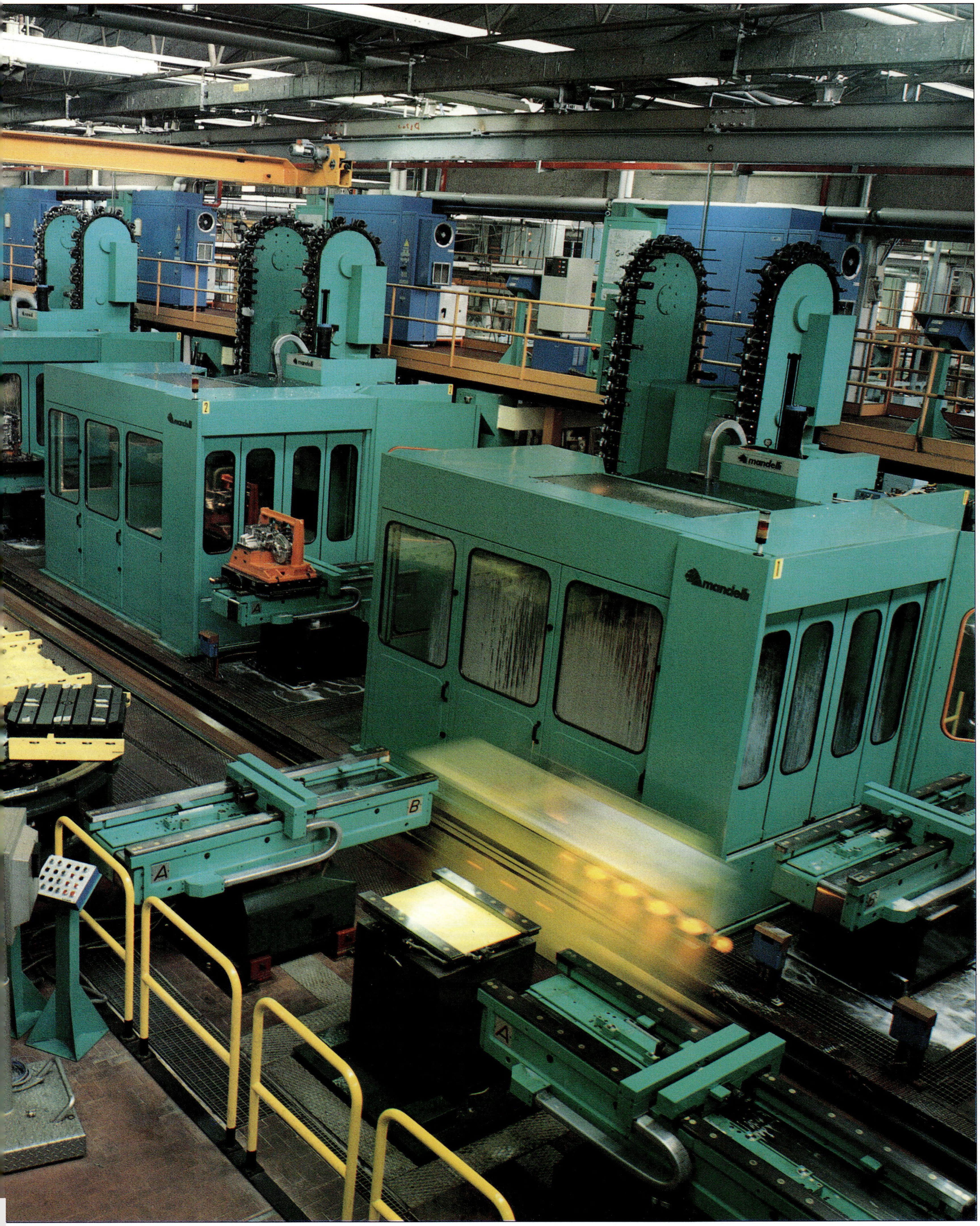
mandelli

Oben: Der rot lackierte Ventildeckel, der dem Testarossa den Namen gab. Oben rechts: Zusammenbau des Kurbelgehäuses. Unten rechts: Montage des 24-Ventil-Kopfes. Ganz rechts: Ein Schnittmodell des Motors, bei dem einige «Innereien» sichtbar sind.

Zylinderlaufbüchsen eingepasst werden. Sodann folgen die Kolben, die Pleuel und die grossen seitlichen Gehäusedeckel. Jeder Zylinderkopf wird mit den beiden Nockenwellen aus Stahl und 24 Ventilen (geliefert von der britischen Gesellschaft Eaton) getrennt zusammengesetzt, bevor die Gesamteinheit mit dem Kurbelgehäuse verschraubt wird. Die Arbeit an den Zylinderköpfen erfordert grosse Erfahrung; nur mit viel Fingerspitzengefühl kann diese Arbeit exakt ausgeführt werden.

Die nächste Station – der Augenblick, in dem der Testarossa seinem Namen gerecht wird – ist der Einbau der rot lackierten Ventildeckel. Nun ist der Motor fast vollendet. Es fehlen nur noch der Ein- und Auslasstrakt, die Benzineinspritzung und Zubehörteile. Die Getriebe-Differential-Einheit wird auf einem benachbarten Fliessband montiert und erst dann mit dem Motor vereinigt. Bevor ein Motor in einen Testarossa eingebaut werden darf, läuft er vier Stunden lang in einem der fünf Testräume von Ferrari. Trotzdem wird dem Besitzer empfohlen, seinen neuen Testarossa in der üblichen Weise einzufahren. Der Test beginnt mit einer Drehzahl von 1'500 U/min, die allmählich gesteigert wird. Am Schluss wird mit einem fünfminütigen Testlauf bei 6'300 U/min geprüft, ob die Höchstleistung erzielt wird. Drehmoment, Benzinverbrauch, Temperatur- und Öldruckwerte müssen ebenfalls dem Standard entsprechen. Etwa jeder zehnte Motor wird zur Kontrolle während zwölf Stunden bis an die Grenzen seiner Leistungsfähigkeit betrieben. Fehler treten selten auf, und ein Motor, der dem Standard nicht entspricht, wird höchstens einmal pro Jahr gefunden.

Der «Schönheitssalon»

Nach all dem Lärm in den Werkhallen geht es im «Schönheitssalon» angenehm ruhig zu. Hellerleuchtet, blitzblank und mit Klimaanlage versehen, mutet diese Halle mit der Grösse eines Fussballfeldes wie die Intensivstation einer Klinik an. Hier werden alle fertigen Wagen einer letzten Kontrolle und nach dem 200-Kilometer-Strassentest einer weiteren Inspektion unterzogen. Nach dem Strassentest haftet Staub und Schmutz an den Wagen. Langsam bewegt sich der Wagen über ein Transportband und wird mit Pressluft gereinigt. Nachdem die Qualitätskontrolle aller mechanischen Teile durch den Strassentest ihren Abschluss gefunden hat, richtet sich nun das Augenmerk auf das kosmetische Image. Dem fachkundigen Auge der Qualitätskontrolle entgeht auch nicht der kleinste Kratzer auf dem Lack; obwohl er für das blosse Auge kaum erkennbar ist, wird er mit einem kobaltblauen Stift markiert. Die Arbeiter (von denen die Hälfte Frauen sind) machen sich nun mit feinen Pinseln und Dichtmittel-Applikationsvorrichtungen ans Werk. Windschutzscheibe und Fenster erhalten ihre Abdichtung. Kleine Lackschäden werden mit einem Pinsel ausgebessert, grössere Schäden überspritzt, der Innenraum wird gereinigt und die Hohlräume mit Rostschutzmittel behandelt. Jeder Wagen wird poliert, bevor die Schutz-Wachsschicht für die lange Reise zum Kunden aufgetragen wird.

**Das Ferrari-Werk
Geschichte eines raschen
Aufschwungs**

Wenn man bedenkt, dass Ferrari im Jahre 1987 nur 3'942 Automobile gebaut hat – von denen etwa 600 bis 700 Testarossa waren –, ist doch das Werk in Maranello ein erstaunlich grosser und moderner Betrieb. Obgleich sich die Fassade, die man von der an den Fabriktoren vorbeiführenden Hauptstrasse Modena-Abetone aus sieht, in den letzten 30 Jahren wenig verändert hat, liegt doch dahinter ein gewaltiger Gebäudekomplex, der sich in den letzten fünfzehn Jahren beträchtlich ausgeweitet hat. Zunächst sollen hier einige Zahlen über die Grösse Ferraris genannt werden. Heutzutage werden hier mehr Automobile gebaut als je zuvor in der Geschichte des Werkes. Rund achtzig Prozent der Wagen werden in einundzwanzig Länder exportiert. Während der letzten 40 Jahre sind rund 45'000 Wagen (soviel wie Fiat in einer Woche produziert) durch die Werktore gerollt, von denen etwa siebzig Prozent überlebt haben. Der jährliche Umsatz beträgt fast 300 Milliarden Lire (etwa 450 Millionen Mark) mit einem Gewinn von etwa 15 Milliarden Lire (etwa 21 Millionen Mark) pro Jahr. Etwa fünfzehn Prozent des Jahresumsatzes werden zur Zeit für eine Modernisierung des Werkes und in Forschungsarbeiten investiert. Im Werk Maranello und dem Karosserie-Werk Scaglietti in Modena sind ungefähr 1'750 Menschen beschäftigt. Weitere 200 Angestellte unterstehen der Rennabteilung, die sich vorwiegend mit dem Design, der Weiterentwicklung und dem Einsatz von zwei Formel-1-Boliden beschäftigt. Das Werk verfügt über eine Gesamtfläche von 145'000 Quadratmeterr, von denen 72'000 überdacht sind.

Enzo Ferrari legte den Grundstein für dieses grosse Unternehmen während des zweiten Weltkrieges. Er hatte bereits vor dem Krieg einen guten Ruf erlangt, zunächst als Rennfahrer in den zwanziger Jahren (unter anderem belegte er 1920 auf der Tarca Florio den zweiten Platz) und später als Teammanager in den 30er Jahren, als er Werkwagen von Alfa Romeo unter der Scuderia-Ferrari-Flagge einsetzte. Während des Krieges stellte er in seinem kleinen Handwerksbetrieb in Modena hydraulische Schleifmaschinen für die Kugellagerproduktion her und genoss auf diesem Gebiet alsbald ebenfalls einen ausgezeichneten Ruf.

1943, er beschäftigte 150 Angestellte, kam der Befehl des faschistischen Mussoliniregimes, dass das Werk zum Schutz vor Bombenangriffen durch die Alliierten aufs Land verlegt werden müsse. Ferrari war Eigentümer einer kleinen Villa und einigen Landes in Maranello nahe den Abhängen des Appennins, 16 Kilometer südlich von Modena. Hierher verlegte er seinen Betrieb. In Gedanken beschäftigte er sich schon mit der Automobilherstellung, sobald der Krieg vorüber wäre. Trotz zweier Bombenangriffe im November 1944 und Februar 1945 – einige leere britische Maschinengewehrhülsen wurden erst vor wenigen Jahren bei der Reparatur des Dachs der alten Rennabteilung gefunden – hatte er nach dem Waffenstillstand einen guten Standort mit einer neuen Fabrik und hervorragenden Arbeitskräften. Er konnte beginnen, seine Ziele zu verfolgen. Während der nächsten dreissig Jahre wurde Modena als mittelgrosse Industriestadt zum Mittelpunkt der exotischen Automobilwelt. Ferrari hatte hier begonnen, Maserati zog von Bologna hierher, und auch Lamborghini und de Tomaso befinden sich in direkter Nachbarschaft.

In seiner Biographie «Le Mie Gioie Terribili» erklärt Ferrari, warum Modena und die Emilia-Romagna-Region so besonders sind. «...mittlere und kleine Unternehmen mit einer Vielfalt an Aktivitäten und Produkten haben sich hier angesiedelt, grosse Unternehmen haben in der Emilia-Romagna nicht Fuss fassen können. Es sind enorm vitale Familienunternehmen, die sich ausbreiten wie Öl auf Wasser... ein intelligentes, williges und technisch-versiertes Arbeitervolk. Es ist eine Tatsache, dass die Menschen hier in der Emilia-Romagna schon immer eine besondere Vorliebe für die Technik hegten, das ist hier Tradition... In der Emilia-Romagna baut man die Fabriken nicht zuerst und schaut sich dann nach Arbeitskräften um – nein, hier lernen die Menschen erst mit der Technik umzugehen, und dann wird die Fabrik gebaut. Die Fabrik besteht in erster Linie aus den Menschen, erst dann kommen die Maschinen, und schliesslich Steine und Mörtel...».

Als sich Ferrari nach dem Krieg mit einem grosszügigen Rennprogramm beschäftigte, wuchs die Serienproduktion seiner handgearbeiteten, teuren Gran-Turismo-Automobile nur langsam, bis 1957 verliessen nicht einmal einhundert Wagen das Werk. Erst 1966 katapultierte der Dino den Betrieb nach vorn, die jährliche Produktion erreichte 1971 eintausend Wagen und stieg im Jahre 1979 auf zweitausend. Heute werden pro Jahr ungefähr viertausend Automobile hergestellt, und bei dieser Stückzahl will Ferrari es belassen. Ferrari war sich dessen bewusst, dass Seltenheit den Mythos seiner Wagen begünstigen würde. Anders als Porsche, ist sein alteingesessenes Management darauf bedacht, dass die Nachfrage das Angebot übersteigt. Ingenieur Giovanni Sguazzini, bis Ende 1985 Präsident von Ferrari, erzählte mir vor einigen Jahren: «Die Fabrik könnte mehr Wagen produzieren, aber wir kennen unsere Grenzen. Wir würden unseren hohen Qualitätsstandard opfern, wenn wir nur einen Schritt weitergehen würden.»

**Fiat erwirbt 50 Prozent
an Ferrari**

Ein Meilenstein in der Geschichte der Ferrari-Werke wurde gesetzt, als sich 1969 Fiat einkaufte. Ferrari war seinerzeit in finanzielle Schwierigkeiten geraten; ein finanzielles Angebot der Ford-Werke wurde von Fiat vereitelt. So entstand der italienische Gigant (Lancia, Alfa Romeo und Autobianchi waren auch unter Fiats Fittiche genommen worden). Fiat erwarb fünfzig Prozent der Anteile von Ferrari. Der führende Weltkonzern in der Massenherstellung von Automobilen stellte die zur Modernisierung von Maranello dringend benötigten Investitionen zur Verfügung. Unter Fiats Obhut hat sich die Produktion nahezu vervierfacht. Ins Management von Ferrari traten Leute von Fiat ein, unter ihnen Giovanni Battista Razelli, der heutige Generaldirektor. Durch diese Investitionen ist Ferrari heute eine faszinierende Verschmelzung aus automatisierter Vollkommenheit und traditionsbewussten Handwerkern. Wenn auch durch den Mandelli-Maschinenpark kaum noch ein Motorteil von Hand gefertigt wird, bleibt doch die Endmontage ein qualifiziertes Fleissarbeit von Männern und Frauen. Einst betrachtete Enzo Ferrari Frauen als «Störfaktor», aber inzwischen besteht die Belegschaft zu mehr als zehn Prozent aus Frauen. Die Belegschaft ist stolz, denn für Ferrari arbeiten zu dürfen, ist für sie die Erfüllung eines Traums.

Die Arbeitsschicht beginnt morgens um 8 Uhr und endet um 17 Uhr, dazwischen liegt eine Stunde Mittagspause. Es ist ein beeindruckender Anblick, wenn um die Mittagszeit der Sturm auf die Kantine beginnt – die eigentlich des ausgezeichneten Essens wegen den Namen «Restaurant» verdient. Sie liegt auf der anderen Seite der Hauptstrasse, die das Werk von der Rennabteilung trennt. Nur in der Giesserei und an den computergesteuerten Bearbeitungssystemen wird auch nachts gearbeitet.

Heute ist Modena der Vatikan der Automobilindustrie. Allein der Name Ferrari macht die Stadt zu einem Pilgerort. Geschäfte, Garagen, Bars und Restaurants handeln mit Andenken: Flaggen, Aufkleber, Poster, Fotografien. Im Telefonbuch von Modena sind Hunderte von Ferraris aufgelistet, denn dieser Name – der in Übersetzung Schmed heisst – ist einer der gebräuchlichsten in Italien. Und Enzo Ferrari ist der Papst der Motorindustrie. Als dieses Buch geschrieben wurde, hatte er gerade seinen 90sten Geburtstag begangen, und so kischeehaft es auch klingen mag: Enzo Ferrari ist eine lebende Legende. Obwohl er das Licht der Welt erblickte, ehe das erste Flugzeug flog, steht er noch immer seinem Werk vor, das er mit 49 Jahren gründete, in einem Alter, in dem schon so mancher Mann der Pensionierung entgegenharrt. Obwohl er fast länger als das Automobil auf dieser Welt ist, hat seine Passion für Automobile, seien es Rennwagen oder Produktionsmodelle, nie nachgelassen. «Die aufregendste Sache in meinem Leben», erzählte er mir anlässlich eines Interviews im

Jahre 1983, «ist, etwas aus Rohstoffen zum Leben zu erwecken. Aus dem Nichts kommt nichts. Ein Auto zu bauen, ist wie einen Sohn erziehen. Man lehrt und nährt ihn mit grosser Fürsorge, so dass man eines Tages voller Stolz sagen kann: 'er ist mein Sohn'.»

**Pininfarina
Produktion mit Stil**
Auch wenn Pininfarina nicht einen einzigen Wagen produziert, der seinen Namen trägt, hat sich das Hauptwerk in Grugliasco, einem Vorort von Turin, doch ständig vergrössert und verfügt über eine Gesamtfläche von 155'000 Quadratmetern. Unter all den Alfa Romeo Spiders, Peugeot 205 Cabriolets, Lancia Thema Estates und Cadillac Allantés, die Pininfarina als Subunternehmer baut, sieht man nur selten einen Testarossa. Pininfarina, eines der zahlreichen Karosserie-Werke in Italien, hat in Grossbritannien und den Vereinigten Staaten keine Parallelen, obgleich die Produktionskapazität fast an diejenige von Jaguar herankommt. Der einzige Wagen, der jemals unter dem Namen Pininfarina auf den Markt kam, war der Spidereuropa aus den Jahren 1982-1986, eine mehr oder weniger abgewandelte Form des Fiat 124 Spider, den Pininfarina seit 1966 baut.
Heute besitzt Pininfarina zwei neuere Anwesen nebst dem Hauptwerk in Grugliasco. Seit 1982 erfolgt Styling und Design im «Studi e Ricerche», einem hochmodernen Gebäude in Cambiano, 30 Kilometer östlich von Turin. Eine weitere Produktionsstätte für die Montage des Cadillac Allantés wurde 1986 in San Giorgio Canavese, nahe dem Flughafen von Turin, eröffnet. Aber eine der wichtigsten Anlagen ist der Windkanal im Massstab 1:1, der 1972 als erster seiner Art in Italien gebaut wurde.

Eine fruchtbare Zusammenarbeit
Pininfarina ist immer ein Familienbetrieb gewesen. Er wurde im Jahre 1930 als «Carrozzeria Pinin Farina» von Battista Farina (Spitzname «Pinin», weil er recht klein war) gegründet. Zuvor hatte er in der Karosseriewerkstatt seines Bruders Giovanni, Stabilimenti Farina, gearbeitet. Pinin machte sich auf einem ihm wohl vertrauten Gebiet selbständig, er baute Spezialkarosserien. Aber aus dem Handwerkerdasein strebte er nach Höherem, er wollte Zulieferungswerk für andere Hersteller werden. Heute hat er sein Ziel erreicht.
Obwohl Pininfarina mehr Wagen entworfen als gebaut hat, sind diejenigen, die gebaut wurden, ausnahmslos in seinen eigenen Styling-Studios entstanden. Klassische Beispiele sind der Lancia Aurelia B20 (1951), der Nash Healey (1952), der Fiat 124 Spider (1966), der Lancia Beta Monte Carlo (1975) und der Lancia Gamma Coupé (1976). Pininfarina erfreut sich einer engen und fruchtbaren Zusammenarbeit mit Maranello, seit der erste Ferrari, der 212 Inter Cabriolet, 1952 auf den Markt kam, und seit dem Bertone 308 GT4 aus dem Jahre 1973 hat Ferrari kein anderes Designstudio als Pininfarina beschäftigt. Aber gewissermassen als Sicherheitsmassnahme zugunsten der Produktionskapazität arbeitet Pininfarina auch für grössere Automobilhersteller, denn das Auftragsvolumen war ständigen Schwankungen unterworfen. Hohes Produktionsaufkommen wurde von Flauten abgelöst: Im Jahre 1963 waren es 19'864, 1965 nur noch 10'493 Wagen, und die Spitzenproduktion des Jahres 1979 mit 26'607 Wagen fiel 1981 auf 12'147 zurück. Aber in den letzten Jahren stieg die Produktion auf über 30'000 an.
Pininfarina blieb stets im Familienbesitz. Der heutige Präsident, Sergio Pininfarina, ist der Sohn des Gründers. Die dritte Generation arbeitet nun schon im Werk: Andrea, ein Sohn von Sergio, teilt mit seinem Vater den Generaldirektorenposten, ein anderer Sohn, Paolo, arbeitet im Studi e Ricerche, und Sergios Tochter Lorenza führt die Werbeabteilung. Pinin Farina fasste im Jahre 1961 seinen Namen zu einem Wort zusammen, doch das Markenzeichen des Unternehmens ist noch heute das «f».

Fahreindrücke

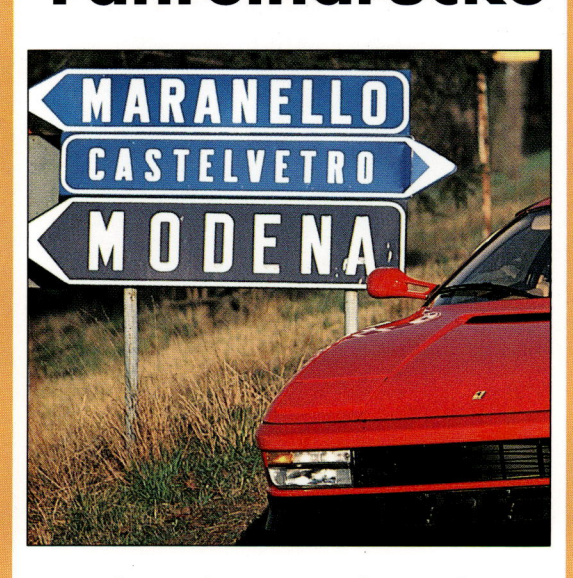

Aufregende Momente beim Fahren des Testarossa, einem der beeindruckendsten Wagen der Welt

Ich erinnere mich der überwältigenden Überraschung, als ich zum ersten Mal einen Testarossa fuhr. Meine Erinnerungen an den 512 BBi waren noch taufrisch. Ich dachte, der Testarossa sei etwas ähnliches, vielleicht grösser, leistungsfähiger, schneller und sogar leichter zu beherrschen. Ich fühlte die Versuchung in mir, ihn gleichermassen wie die grossen Superwagen Ferraris aus der Vergangenheit zu meistern. Wie schon vor mir andere, die den Testarossa fuhren, war ich angenehm überrascht. Er ist natürlich unheimlich schnell und lässt sich ausgezeichnet handhaben, aber er erbringt seine gewaltige Leistung mit derartiger Leichtigkeit, Eleganz und Gelassenheit, dass er beim Fahren ein bemerkenswert unkomplizierter Wagen ist. Wie mir ein Angestellter der Ferrari-Werke beschwichtigend sagte: «Auch Deine Grossmutter kann einen Testarossa fahren.» Eine so starke Aura umgibt dieses «Springende Pferd», dass es Ferrari nicht nötig hat, Strassentests durch Motorzeitschriften und Eindrücke von Journalisten bezüglich der Fahrtüchtigkeit seiner Wagen zur Werbung heranzuziehen. Maranello Concessionaires Ltd in Grossbritannien ist typisch für alle Ferrari-Importeure auf der ganzen Welt, die fast alle das Geheimnis um diesen Wagen nicht preisgeben. Alle anderen Automobilhersteller, sogar Rolls-Royce und auch Lotus sind begierig, Journalisten Testfahrten unternehmen zu lassen. Wenn auch die Reportagen im nachhinein nicht so rosig aussehen, wie es sich der Hersteller erhofft hatte, ist doch eine solche Reklame schon das halbe Ziel.

Aber Ferrari, als Aussenseiter im Automobilgeschäft, braucht diese Reklame nicht. Maranello Concessionaires Ltd verkauft pro Jahr durchschnittlich 250 Ferrari, die alle nur ein paar Werkkilometer auf dem Tacho haben. Nur wenige sind auf Vorführfahrten mit Kunden etwas mehr gefahren, aber selten nur wurde ein Wagen der Fachpresse zur Beurteilung überlassen. Ferrari hat kein Interesse daran, die Leistungen seiner Wagen durch computergesteuerte Geschwindigkeitsmessanlagen testen zu lassen, wie sie von den meisten Fachzeitschriften heutzutage herangezogen werden. Und diese Haltung hat sich als durchaus gerechtfertigt erwiesen, denn in den wenigen Fällen, wo einmal ein Wagen ausgeliehen wurde, sind nicht immer alle unversehrt zurückgekommen.

Aber vielleicht ist diese Einstellung verständlich, sie war für Ferrari niemals von Nachteil. Die Wagen geniessen ohnehin ein so hohes Ansehen, dass Ferraris Legende nur noch verstärkt werden kann.

Eine ausgezeichnete Gelegenheit
Ein Testtag mit vier Ferrari

Gelegentlich jedoch öffnet sich der eiserne Vorhang für ausgewählte Journalisten, die bereits in der glücklichen Lage sind, jeden exotischen Wagen gefahren zu haben, aber keinen Ferrari. Eine solche Chance ergab sich eines Tages im Jahre 1986 in Oxfordshire, als Maranello Concessionaires Ltd vier seiner Modelle zur Verfügung stellte. Neben einem roten, alle Blicke auf sich ziehenden Testarossa waren es ein 328 GTB, ein 412i und ein 328 Mondial. Als wollte man diesem einmaligen Ereignis besonderes Gewicht beimessen, erschien auch Stirling Moss, um die aktuellen Modelle der Firma zu bestaunen, für die er vor seinem Unfall im Jahre 1962, der seine Rennfahrerkarriere beendete, tätig gewesen war.

Es war ein grossartiger Tag, den wir in einem der grössten Restaurants Englands, dem Le Manoir aux Quat' Saisons in Great Milton, begannen. Die Sonne brannte vom Himmel, der Duft frisch gemähten Grases erfüllte die Luft. Unsere morgendliche Fahrt mit den technischen Meisterwerken Italiens hatte uns zu dem weltberühmten Küchenmeister Raymond Blanc geführt. Um diesen Tag zu krönen, hätte es nur noch der Anwesenheit von Sophia Loren bedurft. Ich sass zum ersten Mal hinter dem Lenkrad eines Testarossa. Doch später ergab sich noch einmal die Gelegenheit, als ich für einen Tag von Town & Country, einer Londoner Autovermietung, die sich auf Superautos spezialisiert hatte und dadurch gross geworden war, einen Testarossa mietete. Doch unvergesslich bleibt mir das Erlebnis während unserer Fotoaufnahmen und Recherchen in Maranello für dieses Buch, als ich in Fiorano mit dem Cheftestfahrer Giorgio Enrico einige Runden drehte. Es war fesselnd, seine entspannte Körperhaltung zu beobachten, als er einen linksgesteuerten Testarossa über die Strecke hetzte. Ich zweifelte nicht an seinen Fähigkeiten, dennoch flössten mir die quietschenden Reifen Furcht ein.

Wir machen uns mit dem Wagen vertraut

Schiebt man die Finger unter das obere Ende der Luftschlitze, die sich nach innen längs der Flanken des Testarossa krümmen, ergreift man den Türgriff und zieht ihn zu sich heran. Die Tür springt auf. Die Tür schwingt zwar weit nach aussen, dennoch gelangt man nur durch geschicktes Turnen auf den Fahrersitz.

Das Dach ist niedrig, und die Säulen neben der Windschutzscheibe ragen im flachen Winkel nach hinten. Man steigt über die Türschwelle, hält sich an der Türsäule fest, um nicht zu stürzen. Aber hat man sich erst einmal in den Sitz gerappelt, glaubt man, auf Strassenniveau zu sitzen. Viele italienische Wagen der Vergangenheit wurden wegen ihrer unbequemen Sitzlage beim Fahren verflucht, nur Gorillamenschen mit kurzen Beinen und langen Armen besässen die richtige Gestalt, so sagte man. Aber der Testarossa besitzt ein ausgewogenes Verhältnis zwischen Sitz und Lenkrad. Betätigt man einen Hebel unter den Knien, kann man den Sitz nach vorne und hinten verstellen, und drei kleine Schalter – die man allerdings nur bei geöffneter Tür leicht erreichen kann – steuern elektrisch weitere Anpassungen. Die Rückenlehne lässt sich nach vorne und hinten verschieben, ihr Winkel lässt sich verstellen, und auch das Sitzkissen ist anhebbar. Rutschiges Leder scheint nicht das ideale Oberflächenmaterial zu sein, aber die erhöhten Seitenteile stützen den Körper, insbesondere gegen die in Kurven auftretenden hohen Kräfte. Die Kopfstütze bildet ein bequemes flaches Kissen, das ebenfalls von Hand verstellt werden kann. Das Lenkrad lässt sich nicht teleskopisch verstellen, kann jedoch in der Höhe angepasst werden. Hat man einmal Sitz und Lenkrad eingestellt, sitzt man mit leicht gegen die Mitte des Wagens angewinkelten Beinen, die Füsse leicht nach links zur Kotflügel-Ausbuchtung geschwungen, in der sich eine Lautsprecherbox befindet. Kupplungs- und Bremspedal wirken mit ihren Überzügen fast klobig. Beide sind oben angelenkt, während sich das Gaspedal vom Boden aus nach oben erstreckt. Alle drei Pedale liegen eng beieinander, so dass man das Gaspedal bequem mit der Ferse und die Bremse mit den Zehen bedienen kann.

Im Fahrersitz des Testarossa

Das Lenkrad liegt angenehm zwischen den Fingern; sein Durchmesser und die Dicke seines Kranzes kommen einer entspannten Handhaltung entgegen, wie sie bei hohen Geschwindigkeiten unerlässlich ist. Die drei Speichen aus Leichtmetall, seidenmatt schwarz eloxiert, sind so bequem, dass die Daumen die beiden oberen Speichen sanft berühren, während sich die Hände in der Zehnuhr/Zweiuhr-Position auf dem Lenkrad befinden. Auch der Signalhornknopf ist beim Testarossa nicht, wie sonst üblich, an der Lenksäule, sondern in der Mitte des Lenkrades, wo man ihn in Eile schnell erreichen kann. Der Signalhornknopf trägt das «Springende Pferd», und rundherum liegen bündig die sechs Inbus-Schrauben, die das Lenkrad an der Lenkradnabe befestigen. Durch die Windschutzscheibe, die sich weit nach hinten krümmt und kurz vor der Stirn endet, schaut man nur auf die Landschaft, denn die Schnauze ist so weit nach unten gezogen, dass sie vom Innenraum nicht sichtbar ist, auch wenn man ganz vorne im Wagen sitzt.

Die Sicht vom Fahrersitz aus ist erstaunlich gut für einen solchen Wagen mit Mittelmotor und wesentlich besser als beim Lamborghini Countach und dem Lotus Esprit. Schmale Türsäulen ermöglichen einen ausgezeichneten Blick nach vorne und zur Seite. In den beiden Aussenspiegeln erblickt man ausser der Strasse auch einen beachtlichen Teil der hinteren Flanken, und die Sicht über den Innenspiegel ist etwas eingeengt durch das Dach und die Motorhaube. Mittelmotorwagen lassen sich gewöhnlich im Strassenverkehr schlecht handhaben, aber wendet man seinen Kopf im Testarossa, gestatten die festen Seitenfenster, die in die Streben der Karosserie eingelassen sind, eine ausgezeichnete Sicht. Im Gegensatz zu anderen Wagen mit Mittelmotor bekommt man im Testarossa kein Gefühl der Platzangst, die grosszügigen Glasflächen und die helle Polsterung lassen den Innenraum angenehm luftig erscheinen.

Die wichtigsten beiden Instrumente, der Drehzahlmesser und der Tachometer springen gleich über dem Lenkrad ins Auge. Die Markierungen sind in auffälligem Orange gehalten, die jedoch schwieriger als die gewohnten schwarz/weiss-Markierungen abzulesen sind. Wegen dem enormen Bereich bis 320 km/h, der auf der Tachometerscheibe Platz finden muss, ist nur alle 10 km/h ein Strich und alle 20 km/h eine Zahl markiert. Beanstanden könnte man höchstens die Reflexion, die sich in der Windschutzscheibe bei Sonnenschein von der Abdeckung des Instrumentenbretts ergibt. Wie beim jetzigen GTO oder Daytona würde eine matte Wildlederauskleidung anstelle des glänzenden braunen Leders längs der Oberseite des Armaturenbrettes dieses Problem lösen und verwirrende Spiegelungen im Gesichtsfeld vermeiden. Hinsichtlich aller anderen Aspekte könnnte die Innenausstattung des Testarossa auch zu jedem anderen gewöhnlichen Automobil gehören. An der Lenksäule gibt es drei Hebel (Fiat-Besitzer würden ihre Herkunft schnell ausmachen) für die Scheinwerfer, Blinker und Scheibenwischer sowie eine Reihe eindeutig gekennzeichneter Schalter auf der Mittelkonsole. Die Handbremse liegt an ungewöhnlicher Stelle zwischen Fahrersitz und Tür. Wie beim Jaguar befindet sie sich bündig am Boden, so dass man sich beim Einsteigen nicht die Hosenbeine zerreisst. Andererseits ist es schwierig, die Hand zwischen Sitz und Türauskleidung nach unten gleiten zu lassen, um die Handbremse zu greifen. Der Schalthebel ist bequem genau dort angeordnet, wo man ohnehin die rechte Hand vom Lenkrad nimmt. Der verchromte Knüppel, der fast senkrecht nach oben vorspringt und in Richtung auf den Fahrer leicht gebogen ist, trägt eine einfache schwarze Kugel in Form eines Golfballs. Der Schalthebel befindet sich auf der Beifahrerseite in der Mittelkonsole, vielleicht etwas zu nahe am Fahrersitz. Bei einem rechtsgesteuerten Wagen befindet sich der Schalthebel natürlich links vom Fahrer und hat dann gerade die richtige Lage. Nun haben Sie sich mit Ihrer neuen Umgebung vertraut gemacht, Sie führen den Schalthebel durch seine Kulisse und lernen das Schaltschema kennen. Im Vergleich zu anderen Wagen ist der Schalthebel stabil und äusserst präzise, wenn man den Schaft durch die einzelnen Kulissenebenen führt. Das sanfte Klicken beim Einrasten wird einem immer in Erinnerung rufen, dass man in einem Ferrari sitzt. Wie viele Hochleistungswagen mit ZF-Getrieben, besitzt der Testarossa ein Schaltschema, bei dem vorne links der Rückwärtsgang, hinten links der erste, in der Mitte vorn der zweite, in der Mitte hinten der dritte, vorne rechts der vierte und hinten rechts der fünfte Gang liegt. Es empfiehlt sich, sich hiermit vertraut zu machen, denn in der Hitze des Gefechts muss man sich schnell daran erinnern, dass die Gänge im Vergleich mit den meisten anderen Automobilen in entgegengesetzter Position angeordnet sind. Ferrari handelte jedoch richtig, dass der erste Gang allein steht, da er nur selten gebraucht wird, wenn man einen Testarossa in der ihm geziemenden Weise fährt. Meist pendelt man zwischen dem vierten und fünften Gang, und dies bedeutet beim Testarossa ein glattes Schieben oder Ziehen durch eine einzige Ebene anstelle einer unhandlichen Bewegung durch die Winkel der Schaltkulisse.

**Der feinste Motor der Welt
Elastizität und Leistung**

Sie könnten in jedem modernen Automobil mit Benzineinspritzung sitzen, wenn sie den Motor durch Drehen des Schlüssels auf der rechten Seite der Lenksäule starten. Bei Motoren mit Benzineinspritzung ist weder ein Choke noch das routinemässige mehrmalige Durchtreten des Gaspedals vonnöten, wie es bei vielen früheren Ferrari-Modellen mit Vergaser erforderlich war. Dies alles gehört der Vergangenheit an. Sie tippen nur ganz sachte das Gaspedal an, und schon springt der grosse flache 12-Zylinder an. Der Wagen vibriert, pendelt leicht von Seite zu Seite im Einklang mit dem Aufheulen des Motors hinter Ihrem Kopf. Im Leerlauf breitet sich ein sonores Brummen hinter ihren Ohren aus, der Motor zeigt seine Stärke.

Obwohl ich wusste, wie hart Ferrari an der Entwicklung des Testarossa gearbeitet hat, war ich überrascht von der Leichtigkeit seiner Bedienung. Die Kupplung ist besonders weich, mit einer so fliessenden Bewegung, dass man sie nur langsam zurückkommen lässt und gar nicht bemerkt, dass die Motordrehzahl schon bei 2'000 U/min liegt. Hieraus ahnt man schon, was in diesem Wagen steckt, denn der Boxer — wie auch viele andere Superwagen, einschliesslich des Porsche 911 Turbo — hat eine so harte Kupplung, dass man den Motor beim ersten Versuch meistens abwürgt. Das Kupplungspedal beim Boxer ist so schwerfällig, dass lange Reisen durch starken Verkehr erschöpfend sind, aber beim Testarossa entfällt dieses Problem. Die Lenkung ist leicht genug, um nicht den Bizeps schon beim ersten Manöver zu strapazieren. Die enger zusammenstehenden Vorderräder und das relativ geringe Gewicht über diesen Rädern tun hier ein übriges. Bei der geringen Lenkkraft, die man für Parkmanöver aufwenden muss, glaubt man, die Lenkung sei durch ein Servo unterstützt, was aber nicht der Fall ist. Auf offener Strecke wird Sie ein einmaliges Gefühl begleiten, das auf der erstaunlichen Kombination von Elastizität und Kraft dieses flachen 12-Zylinders beruht. Er ist einfach einer der besten Motoren, den die Welt je gesehen hat, mit viermal mehr Leistungsvermögen als der einer durchschnittlichen Familienlimousine. Er beschleunigt mit Leichtigkeit auf die rote Marke bei 6'800 U/min, er lässt symphonische Klänge hören, die nur aus der Tiefe von 12 Zylindern stammen können, die in perfekter Harmonie zusammenwirken. Die älteren V12-Ferrari vermitteln das gleiche Gefühl innerer Festigkeit, aber das Geräusch ihrer Ventilsteuerung und des Nockenwellenantriebs hat man bei dem flachen 12-Zylinder ausgebügelt. Es hat einem bezaubernden, reinen und tiefen Röhren Platz gemacht, das sich bei Erreichen der höchsten Motordrehzahlen zu einem Schrei in Bariton erhebt. Da auch der Auspuff nicht mehr krächzt, ist dieser Motor zu einer flügge gewordenen Rennmaschine avanciert.

Unten: Auf offener Strasse an den Ausläufern des Apennin. Rechts: Der Testarossa lässt sich unter allen Bedingungen leicht fahren, obwohl man seine Masse deutlich bei Ansichten von vorne und hinten erkennen kann.

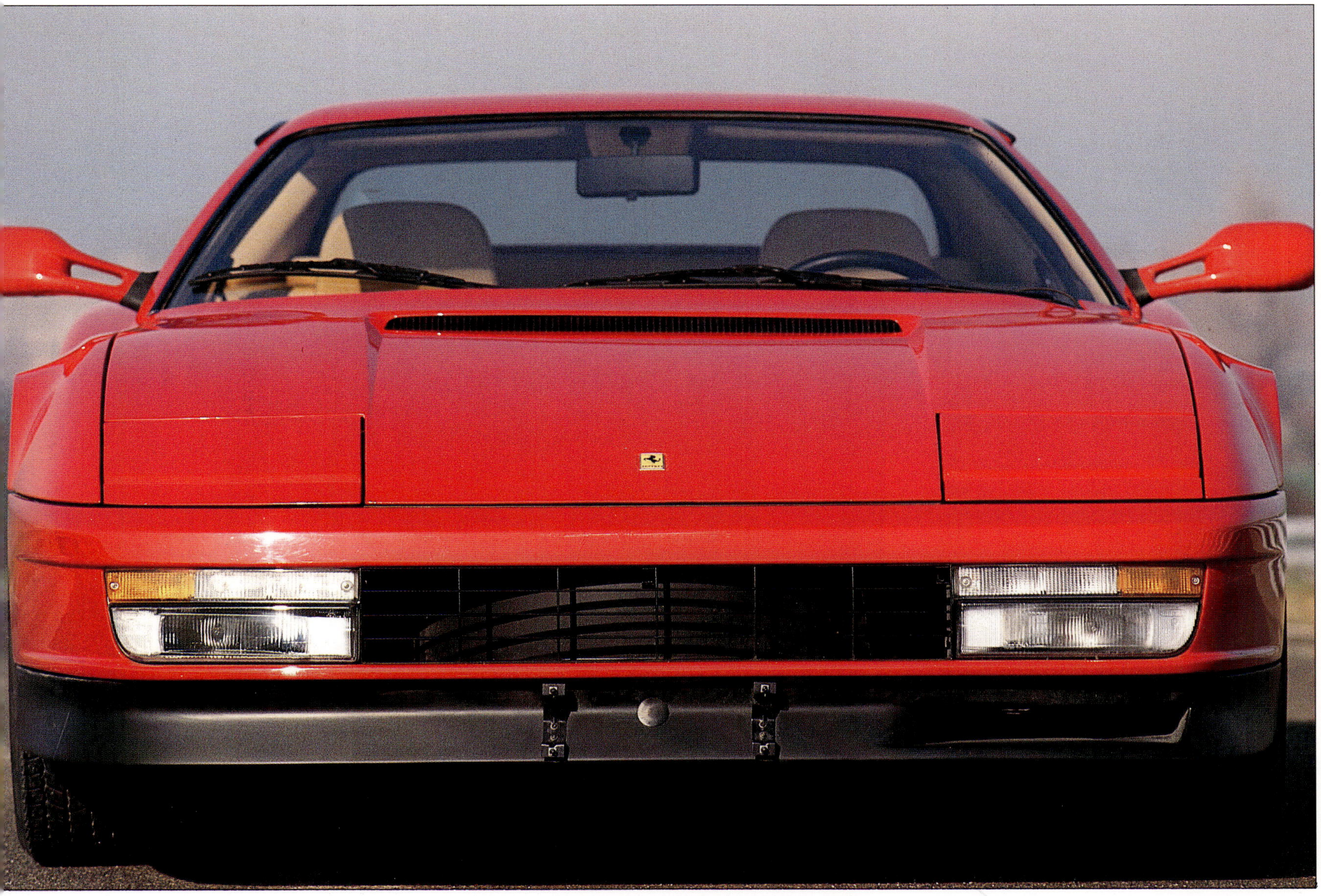

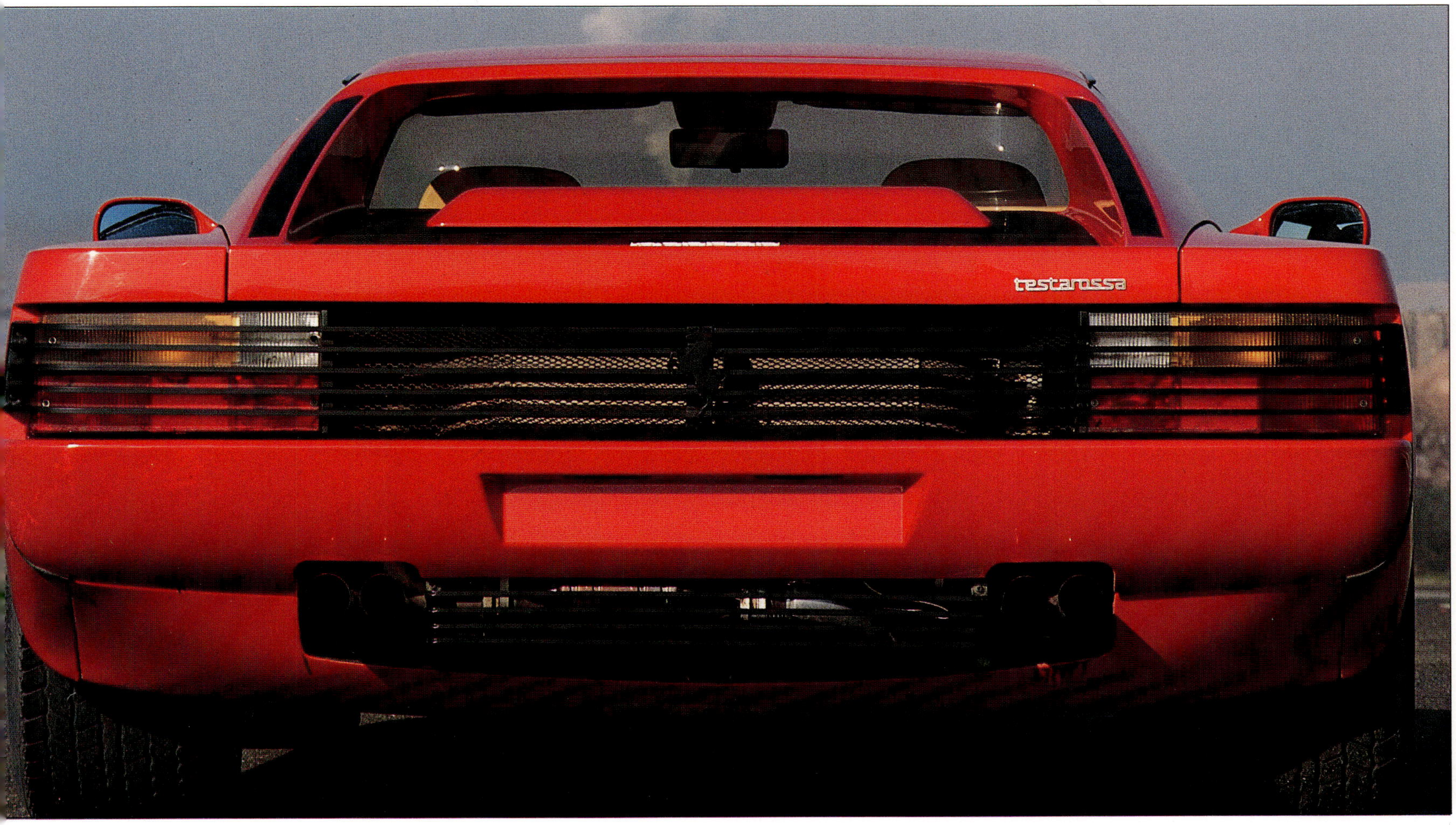
testarossa

Im Ansprechen ist der Testarossa kein temperamentvolles Rennauto. Sie können erwarten, dass dieser flache 12-Zylindermotor vom Stil eines Hochleistungsmotors her flott und spritzig ist, aber wenn er beschleunigt, wird einem niemals das Gefühl vermittelt, dass hier ein Feuerwerk beginnt, als wäre die Lunte gerade entzündet worden. Stattdessen beweist der flache 12-Zylinder seine Kraft durch einen progressiven Leistungsanstieg von 1'000 U/min bis 6'800 U/min. Es gibt keinen kräftigen Schlag in den Rücken, da ist nur der beharrliche Schub des Motors. In jedem Gang spürt man die mächtige, treibende Kraft, besonders wenn man das Gaspedal voll durchtritt. Aber der Motor ist stets leistungsfähig, ob der Testarossa nun im zweiten Gang von 20 auf 120 km/h beschleunigt wird oder von 40 auf 210 km/h im vierten Gang. In allen Gängen verfügt er über immense Geschwindigkeitsbereiche, bis 290 km/h im fünften Gang, wenn man überhaupt jemals mit dieser Geschwindigkeit fahren kann. Es ist ein Vergnügen, mit dem Ganghebel in dem Getriebe zu «rühren», um so das berauschende Aufheulen des Motors zu hören, aber dennoch ist der Testarossa so leistungsstark, dass es dessen nicht bedarf, um alles aus ihm herauszuholen, was er zu leisten vermag. Der Wagen überschreitet die Geschwindigkeitsgrenze der meisten europäischen Länder bereits kurz nach dem Hochschalten aus dem ersten Gang, wenn man an einem Kavalierstart Freude hat, dennoch ist der Testarossa so anpassungsfähig, dass er im fünften Gang ohne Verzögerung mit etwas über 1'000 U/min oder gerade 50 km/h davonzieht.

Verblüffende Beschleunigung

Die Beschleunigung des Testarossa ist phantastisch, er bringt seine Leistung so weich und kräftig. Dies lässt sich am besten bei einer Beschleunigung im vierten Gang zeigen:

32–64 km/h	in 4,5 Sekunden,
48–80 km/h	in 4,4 Sekunden,
64–96 km/h	in 4,4 Sekunden,
80–112 km/h	in 4,5 Sekunden,
96–128 km/h	in 4,6 Sekunden,
112–144 km/h	in 4,7 Sekunden,
128–160 km/h	in 4,9 Sekunden,
144–176 km/h	in 5,7 Sekunden,
160–193 km/h	in 6,7 Sekunden.

So ruhig und ausdauernd ist die Durchzugskraft des flachen 12-Zylinders, dass man im Vergleich zu einem sportlicheren Motor meint, nicht so schnell zu sein. Diese Elastizität ist das grösste Kapital des Testarossa im täglichen Strassenverkehr. Obgleich andere Superwagen bessere Werte als der Testarossa erreichen, gibt es keinen anderen Wagen, der so beständig zu beschleunigen vermag, und dies ungeachtet der Geschwindigkeit. Sie alle haben grossartige Motoren, aber der flache 12-Zylinder des Testarossa ist die beste Kombination aus totaler Leistung und extremem Drehmoment. Die Auswertung der verfügbaren Daten zeigt, dass der Testarossa bei den Beschleunigungszeiten aus dem Stand bis 193 km/h einem Aston Martin Vantage oder Porsche 911 Turbo ebenbürtig ist, dann aber durch Erreichen höherer Spitzengeschwindigkeiten diese Wagen überflügelt. Selbst der Lamborghini Countach quattrovalvole, der zwar für 0–100 km/h weniger als 5 Sekunden benötigt – Testarossa 5,8 Sekunden –, schafft dennoch nicht die Höchstgeschwindigkeit des Rivalen aus Maranello, der mit 290 km/h davonbraust.

Viele Superwagen benötigen ein gut ausgewogenes Übersetzungsverhältnis, um maximale Leistungskurven der Motoren zu erbringen, aber der flache 12-Zylinder des Testarossa ist so elastisch, dass er auch ungeeignete Übersetzungsverhältnisse kompensieren

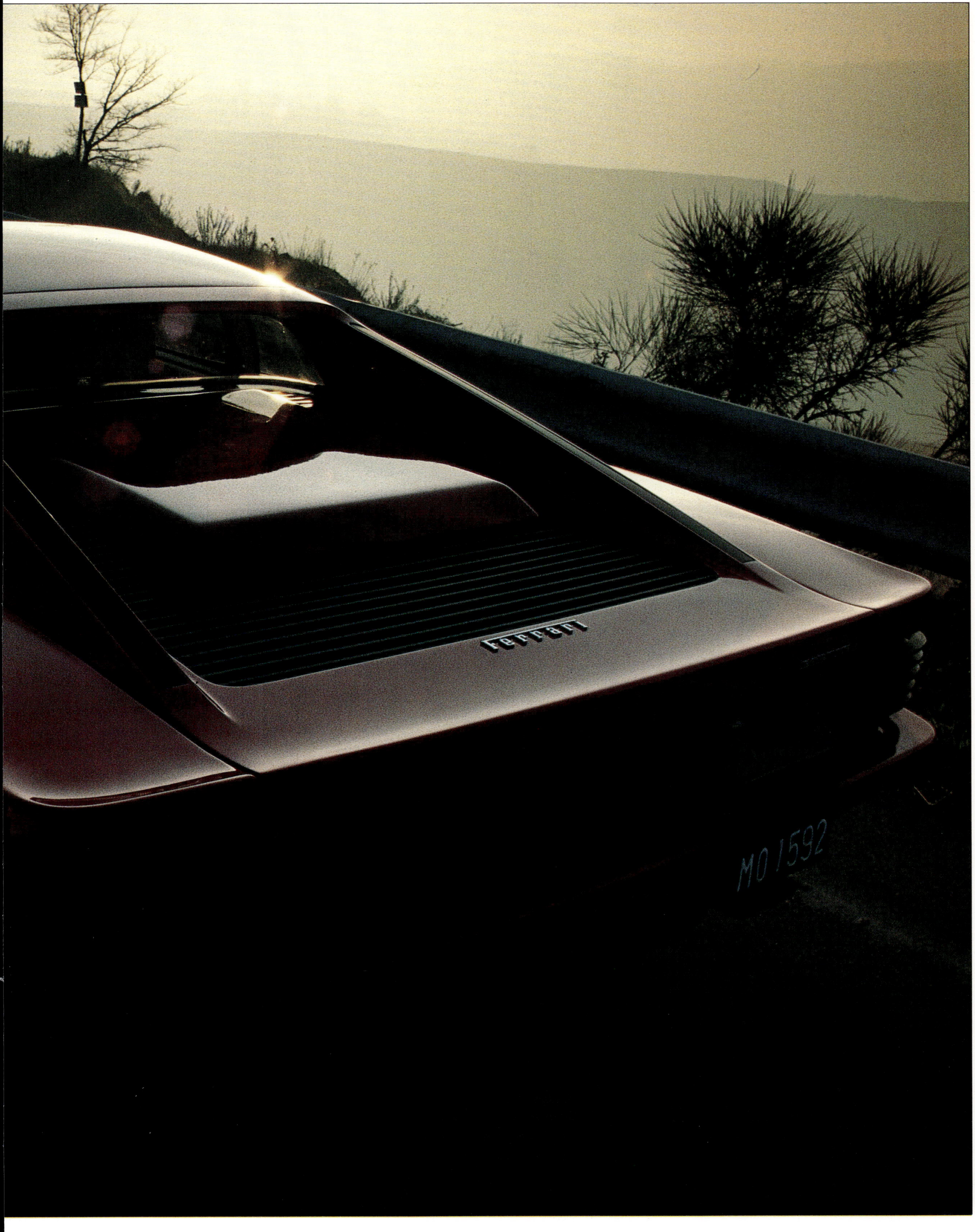
Ferrari
MO 1592

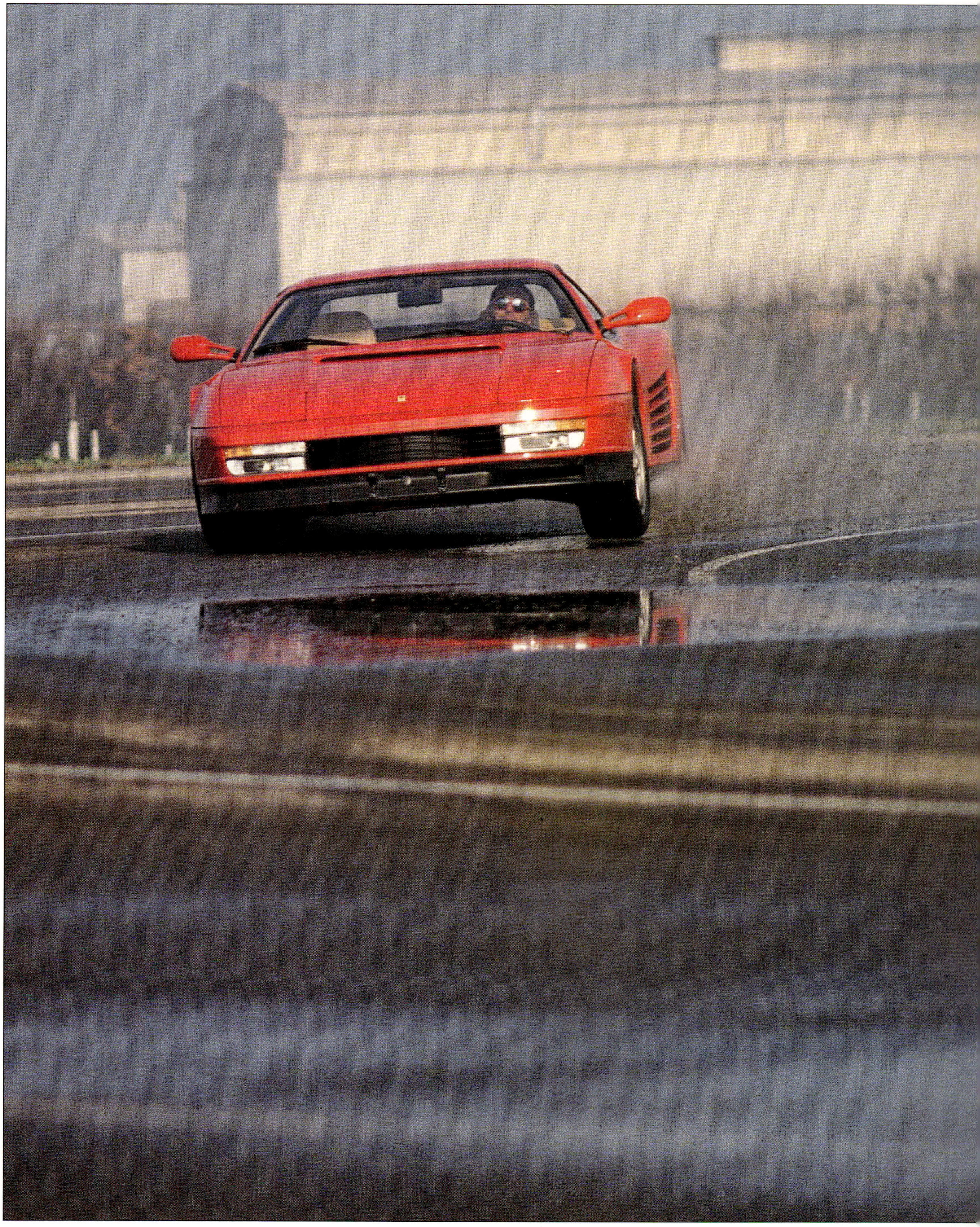

könnte. Auch einen unmittelbaren Wechsel vom ersten zum fünften Gang verkraftet er ohne Schwierigkeiten. Aber das ist schon fast eine akademische Frage. Der Testarossa hat ein Getriebe, und dies ist eigentlich alles, was man wissen muss. Der Schalthebel erfordert beim Schalten einen festen Griff; er ist präzise, wenn auch nicht besonders leichtgängig. Schaltungen über zwei Ebenen, also vom ersten zum zweiten oder vom dritten zum vierten Gang, können nicht allzu eilig durchgeführt werden, aber die wichtigste Bewegung, die Schaltung vom vierten in den fünften Gang und umgekehrt kann blitzschnell erfolgen. Dabei ist die Kupplung so weich, dass ein Schalten zur falschen Zeit nicht zu einem Ruck führt.

Beherrschbarkeit bis zur Perfektion

Verglichen mit dem Boxer, lässt sich der Testarossa wesentlich besser beherrschen. Mittelmotor-Wagen sagt man nach, dass sie ohne Schwierigkeiten mit hoher Geschwindigkeit Kurven schaffen, sagen wir mal mit neunzig Prozent ihrer Möglichkeiten. Wenn man jedoch noch die letzten zehn Prozent herausquetschen möchte, kann man in erhebliche Schwierigkeiten geraten. Die Wagen legen sich mit recht guter Balance in die Kurven, bis sie plötzlich zu schleudern beginnen. Aber sowohl der Boxer als auch der Testarossa weichen hiervon aufgrund ihrer Gewichtsverlagerung auf die Hinterachse geringfügig ab, obwohl sie sich in der Handhabung deutlich unterscheiden. Was den Testarossa gegenüber dem Boxer auszeichnet, ist die ausgezeichnete Kontrolle über das Heck, wenn er hart gefahren wird. Obwohl der Boxer ausgezeichnete Griffigkeit und hervorragende Kurvenfahreigenschaften zeigt, sollte man dennoch niemals vergessen, dass sein Gewicht im Heck wie ein Pendel wirken kann. Wenn das Heck zu schleudern beginnt, Unebenheiten auf der Strasse dazukommen, muss man sein ganzes Können aufbieten, um den Boxer zu halten. Er ist ein dankbarer, aber auch anspruchsvoller Wagen, und deshalb kann man ihm nie völliges Vertrauen schenken.

So ist es naheliegend, dass Ferraris Arbeit an der Aufhängung des Testarossa diesem Anflug von Unsicherheit entgegenzuwirken trachtete, denn der neue Wagen erweckt in dieser Hinsicht mehr Vertrauen. Seine 255 mm breiten Hinterreifen setzen 30 mm mehr Gummi auf die Strasse als der Boxer, und der Unterschied macht sich bemerkbar. Sie spüren die phantastische Griffigkeit der Reifen, wenn Sie aus dem Stand starten oder den Wagen im niedrigen Gang durch die Kurven jagen. Fährt man allerdings aggressiv durch eine Haarnadelkurve, wird auch das Heck des Testarossa ausbrechen, aber durch geschicktes Gegensteuern bekommt der Fahrer den Wagen leicht wieder in den Griff. Der Testarossa zeigt einen fliessenden Übergang zum verhaltenen Übersteuern, was keine besondere Geschicklichkeit erfordert.

Dies ist die verwegene Art in niedrigen Gängen zu fahren, wenn man die Strasse für sich alleine hat. Unter Normalbedingungen kurvt der Testarossa mit beeindruckender Gelassenheit und folgt der Linie sauber, wenn man das Gaspedal richtig behandelt. Wenn man glaubt, das Untersteuern durch Nachlenken ausgleichen zu müssen, ist dies eine sichere Warnung, dass zuviel Gas gegeben worden ist. Wenn die Vorderräder zum Strassenrand hin auszubrechen drohen, nimmt man einfach etwas Gas weg, ohne das Heckteil beeinflussen zu wollen. Die Hinterräder bleiben auf der Strassenoberfläche haften, und die Schnauze zieht wieder leicht in die Kurve. Die Bodenhaftung ist so ausgeprägt, dass sie kaum begreifbar ist, und sie macht den Testarossa zu einem leicht beherrschbaren Wagen. Man hat nie das ungute Gefühl wie beim Boxer, dass etwas Unvorhersehbares geschehen könnte. Wenn man bei hohen Geschwindigkeiten in Kurven plötzlich auf das Gaspedal tritt, nimmt die Untersteuertendenz zu, lässt man aber das Gaspedal los, kehrt der Wagen unmittelbar in seine Strassenlage zurück. Dieses geschickte und sichere Untersteuern des Wagens, der auch weniger schlingert als der Boxer, mag den Testarossa für sportliche Fahrer unattraktiv erscheinen lassen. Aber dies entspricht der Tendenz moderner Superwagen – die trotz allem an Kunden mit viel Geld, aber wenig Erfahrung verkauft werden. Der Testarossa ist ein Sportwagen, den man mit hoher Geschwindigkeit durch die Kurven jagen kann, ohne ein Risiko einzugehen. Nur im Vergleich zum 328 GTB, einem der best beherrschbaren Wagen der Welt, ist der Testarossa enttäuschend. Gegen diesen lebhaften, reinrassigen Sportwagen wirkt der Testarossa auf der Strasse etwas schwerfällig und zu gross. Aber diese Kritik gilt wirklich nur, wenn man ihn mit dem Besten vergleicht, denn der 328 GTB umgibt den Fahrer wie eine zweite Haut – er und dieser Wagen verschmelzen zu einer harmonischen Einheit.

Wenn auch der Testarossa etwas zurückhaltender anspricht als der Boxer, zahlt sich dies beim Fahren aus. Allein schon mit seinen 290 km/h übertrifft der Testarossa jeden Standard. Die Mittelmotor-Ferrari, bis zurück zum Dino 246 der 60er Jahre, waren stets bequeme Reisewagen, aber der Testarossa übertrifft sie bei weitem alle. Unebene Strassenoberflächen, Höcker und Schlaglöcher können diesem Wagen nichts anhaben, wenn auch der Lotus in dieser Beziehung noch besser war. Die Federung ist so ausgezeichnet, dass die Räder mühelos über jede Unebenheit gleiten und die Dämpfung sie kraftvoll wieder auf die Oberfläche aufsetzen lässt. Natürlich spürt man die Schlaglöcher, aber man wird nicht durchgerüttelt. Die durchdacht konstruierte Aufhängung ist gerade richtig für ein Automobil, das die Ansprüche sowohl an einen Sportwagen als auch an einen Gran-Turismo-Wagen befriedigen soll.

Links: Brutale Behandlung im ersten Gang. Der Testfahrer Giorgio Enrico lässt auf der Rennstrecke von Fiorano das Heck seitlich ausbrechen. Andrerseits nimmt der Wagen die Kurven mit grosser Ausgeglichenheit und ist auf gerader Strecke stabil.

Mit den Fingerspitzen lenken

Da der Testarossa sich beim Manövrieren einwandfrei lenken lässt, ist es nicht überraschend, dass das Lenkrad auch bei hohen Geschwindigkeiten leicht zu bedienen ist. Niemals muss man hart zupacken, es bedarf nur einer leichten Berührung mit den Handflächen und Fingerspitzen, um es unter Kontrolle zu halten. Mit annähernd dreieinhalb Lenkradumdrehungen von Anschlag zu Anschlag werden heftige Lenkausschläge vermieden. Dennoch sollte man vorsichtig mit dem Lenkrad umgehen, denn bei hohen Geschwindigkeiten spricht es so sensibel an, dass es schwierig ist, den Wagen gerade in der Spur zu halten. Trotzdem wird man nie das Gefühl der Instabilität beim Testarossa spüren, wenn man geringfügige Korrekturen vornimmt. Die Bremsen des Testarossa sind eine seiner Stärken, auch sie wurden verglichen mit dem Boxer verbessert. Mit vier grossen belüfteten Scheiben sind sie denjenigen des Boxer zwar ähnlich, aber ihre Vierzylinder-Sättel garantieren eine bessere Verzögerung. Auch die Bremskraftverstärkung ist bemerkenswert. Schon ein leichter Druck aufs Bremspedal kann das Blockieren der Räder bewirken. Aber sobald man sich an die Bremsen gewöhnt hat, sind sie bequem und leicht zu bedienen. Obwohl der Testarossa über anderthalb Tonnen Leergewicht auf die Waage bringt, lässt er sich brillant und viele Male zum Stehen bringen, ohne dass irgendwelche Abnutzungserscheinungen an den Bremsen auftreten. ABS hat erst sehr spät bei Ferrari Einzug gehalten, und man muss zugeben, dass der Testarossa auf dem heutigen Markt ohne diese Einrichtung unvollständig ist. Die leichte Beherrschbarkeit bestätigt sich beim Testarossa in jeder Hinsicht und macht ihn erst zu diesem ausgeklügelten Wagen, wenn auch vielleicht nicht zu einem so überlegenen Sportwagen, wie es der Boxer war. Aber alle diese verschwenderischen Attribute, die dem Testarossa während seiner Entwicklung zugestanden wurden – einschliesslich des Kofferraums –, haben ihn zu einem Langstrecken-Reisewagen werden lassen. Wenn man ihn fährt, ermüdet man nicht, und es strengt nicht an. Selbst die langweiligsten Landstrassen lassen sich mit ihm mühelos überwinden. Tausende von Kilometern auf der richtigen Strasse (und im richtigen Land) können zu einem überwältigenden Erlebnis werden.

Das sonore Brummen des Motors erfüllt den Fahrgastraum, aber man empfindet es kaum als störend. Selbst ein Crescendo in höhere Tonlagen bei hohen Motordrehzahlen wirkt nicht aufdringlich, es gehört einfach zum Testarossa. Alle anderen Geräusche ge-

Der Testarossa erscheint aus diesem Blickwinkel ungeheuer aggressiv, er ist jedoch auch ein ungewöhnlich raffinierter Wagen. Der niedrige Wind- und Geräuschpegel und das komfortable Interieur machen ihn zu einem angenehm zu fahrenden und mühelos zu beherrschenden Hochleistungs-Automobil.

hen darin unter. Der Wind, der um die Aussenspiegel streicht, das Dröhnen der Reifen – man wartet darauf, aber unter 160 km/h ist es kaum wahrnehmbar. Wie man es bei einem Wagen dieser Qualität erwarten kann, fehlt jegliches Rasseln und Quietschen der Innenausstattung auf holperigen Strassen.
Nur eins macht das Fahren eines Testarossa schwer, seine enorme Breite. Fährt man auf engen Seitenstrassen oder schmalen Landstrassen, fürchtet man stets, mit der hinteren Flanke irgendwo anzuecken. Manövriert man den Wagen durch einen Engpass oder in eine Parklücke, muss man sich immer vor Augen halten, dass der Testarossa hinten einige Zentimeter breiter als das Cockpit ist. Er ist 43 cm breiter als ein Fiat Uno. Am Anfang ist dies verwirrend, doch man hat sich schon nach einigen Stunden daran gewöhnt. Hingegen macht die gedrungene Höhe des Testarossa keine Schwierigkeiten.
Die ausgezeichnete Geräuschdämmung und die vielseitige Innenausstattung machen den Testarossa zu einem hochmodernen Wagen. Fensterheber, Spiegel, Sitze und Türschlösser werden elektrisch betätigt, und die Klimaanlage ist hervorragend. Da die riesige Frontscheibe an heissen Tagen wie ein Brennglas wirkt, ist eine gute Ventilation unerlässlich. Aber die Klimaanlage schafft das spielend. Sie verfügt über stufenlose Temperatur- und Gebläseeinstellungen und kann für Fahrer und Beifahrer verschiedene Bedingungen schaffen.
Wenn Sie einen vierschrötigen Superwagen erwarten, der nur einem Zweck dienen soll, nämlich auf den Strassen zu rasen ohne Anspruch auf Komfort, werden Sie zweifellos vom Testarossa enttäuscht sein. Der schnellste Wagen ist er nicht, er beschleunigt nicht so fulminant und nimmt die Kurven ausgewogener als die anderen Superwagen der 80er Jahre – aber er ist am ausgeglichensten in seiner Leistungsfähigkeit. Mit zunehmendem Verkehrsaufkommen und bei den Geschwindigkeitsbegrenzungen in den meisten Ländern Europas müssen die Superwagen sowohl komfortable Reisewagen als auch Vollblut-Sportwagen sein. Der Testarossa ist also durchaus ein Produkt seiner Zeit.

Index

A
ABS Antiblockiersystem 22, 62
Aufhängung 6, 8, 27, 39, 61

B
Bazzi, Luigi 5
Behra, Jean 12, 13
Bellei, Dr. Ing. Angelo 14
Berlinetta Boxer, siehe Ferrari 365 GT4BB; 512BB
Berlinetta Lusso, siehe Ferrari 250 GT
Boxer, siehe Ferrari 365 GT4BB; 512BB
Bremsen 18, 22, 28, 39, 61, 62

C
Cambiano (Pininfarina-Zentrum) 15, 53
Chassis 30, 40
Chiti, Carlo Ing. 11, 12
Collins, Peter 12
Colombo, Gioacchino 5

D
Daytona, siehe Ferrari 365 GTB/4
de Angelis, Giuliano, Dr.Ing. 16
Donington 6, 7

E
Enrico, Giorgio 22, 54, 60, 61

F
Fantuzzi, Medardo 12
Farina, Battista (Pinin) siehe auch Pininfarina 53
Ferrari
    250 GT (einschliesslich Berlinetta Lusso) 5, 6
    275 GTB 4, 5, 6
    365 GTB/4 (Daytona) 6–9
    365 GT 4BB (Berlinetta Boxer) 7, 8–10, 14
    512 BB (Berlinetta Boxer) 10, 14, 18, 20, 22, 24
    GTO – siehe auch Testa Rossa; Testarossa 3, 8, 9
Ferrari, Enzo 4, 5, 14, 52, 53
Fiorano (Teststrecke) 20, 21, 22, 60, 61
Fioravanti, Leonardo 15, 16
Flexibles Produktionssystem (FMS, Flexible Manu-
    facturing System) 46, 48, 49
Forghieri, Ing. Mauro 16
Fraschetti, Ing. Andrea 11

G
Gendebien, Oliver 11–13
Grugliasco (Pininfarina-Werk) 16, 22, 23, 40–44, 53

H
Hawthorn, Mike 12
Hill, Phil 12, 13

L
Lampredi, Aurelio 5
Le Mans 8, 11–13
Lusso siehe Ferrari 250 GT

M
Maranello (Ferrari-Werke) 16, 40, 44–52
Maranello Concessionaires Ltd 54
Materazzi, Ing. Nicola 14, 16
Mittelmotor-Konfiguration 7–10, 61
Modena 52

N
Nardo (Teststrecke) 22, 23
Nürburgring 11–13

P
Pininfarina 5–7, 9, 12, 15, 30, 53

R
Razelli, Giovanni 52
Rossi, Ing. Maurizo 14, 15, 18, 22, 23

S
Scaglietti, Sergio 5, 6, 11, 12, 52
Sebring 12–13
Sguazzini, Giovanni Ing 52
Studi e Ricerche (Pininfarina) siehe Cambiano
Styling, siehe Pininfarina

T
Targa Florio 12–13

V
Vier-Ventil-Technologie 16, 18, 24

Z
Zincrox 40
Zündung 24, 39

Fotonachweis
Der Verlag möchte den nachfolgenden Fotografen und Organisationen für ihre Unterstützung danken:
    John Conway
    Seiten 4 (links), 34, 38 und 64
    Industrie Pininfarina S.p.A.
    Seiten 22 und 23
    Mark Hughes
    Seiten 5, 6, 7, 8–9, 10, 11 und 12–13
    Jim Forrest
    Alle anderen Fotografien